河南省软科学计划研究项目：
“双碳”目标下风险投资对河南重污染企业绿色并购的影响机制与经济效应研究（252400412023）

风险投资对企业并购决策及经济后果的影响研究

王聪聪/著

The Impact of Venture Capital on Corporate Mergers and Acquisitions Decisions and Economic Consequences

中国财经出版传媒集团
中国财政经济出版社
·北京·

图书在版编目（CIP）数据

风险投资对企业并购决策及经济后果的影响研究 / 王聪聪著. -- 北京：中国财政经济出版社，2025. 3.

ISBN 978 - 7 - 5223 - 3813 - 2

Ⅰ. F279. 214

中国国家版本馆 CIP 数据核字第 2025UU5284 号

责任编辑：高文欣　　责任校对：徐艳丽

责任印制：史大鹏

风险投资对企业并购决策及经济后果的影响研究

FENGXIAN TOUZI DUI QIYE BINGGOU JUECE JI JINGJI HOUGUO DE YINGXIANG YANJIU

中国财政经济出版社 出版

URL：http：//www. cfeph. cn

E - mail：cfeph@ cfeph. cn

社址：北京市海淀区阜成路甲 28 号　邮政编码：100142

营销中心电话：010 - 88191522

天猫网店：中国财政经济出版社旗舰店

网址：https：//zgczjjcbs. tmall. com

涿州汇美亿浓印刷有限公司印刷　各地新华书店经销

成品尺寸：170mm × 240mm　16 开　14. 25 印张　227 000 字

2025 年 3 月第 1 版　2025 年 3 月河北第 1 次印刷

定价：88. 00 元

ISBN 978 - 7 - 5223 - 3813 - 2

（图书出现印装问题，本社负责调换，电话：010 - 88190548）

本社图书质量投诉电话：010 - 88190744

打击盗版举报热线：010 - 88191661　QQ：2242791300

前　言

当前，随着全球经济一体化进程不断地深入，行业竞争变得越来越激烈，企业发展面临着巨大的机遇和挑战。但是，由于企业自身拥有资源的局限性，单纯依赖自身内部增长已不足以在激烈的竞争中维持优势地位。企业必须能够跨越组织边界，有效识别和捕捉外部发展机会，并购就成为企业获取并保持竞争优势的重要决策。根据普华永道（2020），2020年度中国并购市场继续保持火热状态，并购交易金额约为7338亿美元，相比上年大约增长了30%；并购交易数量高达10551宗，相比上年大约增长了11%。其中，风险投资等财务投资者2020年参与的并购交易金额为3552亿美元，较上年大约增长了59%，约占全部并购交易金额的48%；并购交易数量为5438宗，较上年大约增长了32%，约占全部并购交易数量的52%。无论从并购交易的金额和数量的绝对数指标还是相对数指标来看，风险投资等财务投资者在中国并购市场中都扮演着非常重要的角色。

作为积极型机构投资者，风险投资对企业的增值效应得到了学者们普遍的认可，他们通过大量的研究发现风险投资对企业公司治理、公司战略、创新活动、生产与销售活动、投融资活动等方面均能产生积极影响。但是，目前学术界关于风险投资对企业并购活动影响的研究尚不深入。尽管有学者关注了风险投资对企业异地并购和并购绩效的影响，但是企业的并购决策除了异地并购外，还涉及多元化并购和并购支付方式等其他多项决策；除了并购绩效这一直接经济后果外，还涉及并购商誉等其他多种经济后果。同时，企业的并购决策蕴含着并购动因又直接导致了并购经济后果。因此，随着我国并购市场日渐活跃以及风险投资的积极介入，我们有必要将风险投资、并购决策及并购经济后果纳入一个分析框架进行系统性研究。这不仅有助于我们更加全面地理解风险投资在企业并购中的作用，而且还可以为企业改善并购决策以及政府和相关监管部门优化监管政策提供经验借鉴。

为此，本书在梳理有关风险投资和企业并购领域相关研究文献的基础之上，基于我国风险投资的发展历程和发展现状以及我国并购市场发展现状，以资源基础理论、社会网络理论、信息不对称理论和委托代理理论等为理论基础，运用规范研究法、实证分析法以及比较分析法三种研究方法，探究了风险投资对企业并购决策及经济后果的影响。其中，并购决策包括多元化并购和并购支付方式，并购经济后果包括并购商誉和并购绩效。同时，本书还进一步考察了风险投资参与度以及企业所处的外部环境差异对风险投资对企业并购决策及经济后果的影响差异。其中，关于风险投资的参与度，本书采用风险投资的持股比例和持股家数两个指标衡量。外部环境具体包括宏观层面环境以及行业层面环境两种。关于宏观层面环境，本书采用市场化水平衡量；关于行业层面环境，本书采用市场竞争程度衡量。

本书研究发现：

第一，相比无风险投资持股的企业，有风险投资持股的企业在并购时更倾向于进行非多元化并购。采用 Heckman 两阶段回归、PSM 分析以及其他稳健性检验方法进行检验后，上述结论依然成立。从风险投资的参与度视角来看，风险投资的参与度越高，被投资企业越倾向于进行非多元化并购。从外部环境视角来看，在市场化水平以及市场竞争程度较低的地区，相比无风险投资持股的企业，有风险投资持股的企业更倾向于进行非多元化并购。作用机理分析发现，从代理问题角度来看，风险投资能够通过缓解代理冲突，从而降低企业进行多元化并购的动机。从自大假说角度来看，风险投资能够通过抑制管理层过度自信，从而降低企业进行多元化并购的动机。

第二，相比无风险投资持股的企业，有风险投资持股的企业在并购时选择现金支付方式的概率更高。采用 Heckman 两阶段回归、PSM 分析以及其他稳健性检验方法进行检验后，上述结论依然成立。从风险投资参与度视角来看，风险投资的参与度越高，被投资企业选择现金支付方式的概率越高。从外部环境视角来看，在市场化水平较低的地区以及市场竞争程度较高的地区，相比无风险投资持股的企业，有风险投资持股的企业选择现金支付方式的概率更高。作用机理分析发现，从信息不对称角度来看，风险投资能够通过降低并购双方的信息不对称程度，从而降低被投资企业出于风险共担目的而选择股票支付的动机，提高其选择现金支付方式的概率。从融资角度来看，风险投资能够通过缓解被投资企业在并购过程中面临的融资约束问题，从而提高其选择现金支付方式的概率。

第三，相比无风险投资持股的企业，有风险投资持股的企业并购商誉规模更小。采用Heckman两阶段回归、PSM分析以及重新度量被解释变量进行稳健性检验后，上述结论依然成立。从风险投资参与度视角来看，风险投资的参与度越高，被投资企业的并购商誉规模越小。从外部环境视角来看，在市场竞争程度较高的地区，相比无风险投资持股的企业，有风险投资持股的企业并购商誉规模更小。而在市场化水平不同的地区，有风险投资持股的企业和无风险投资持股的企业并购商誉规模之间没有显著差异。作用机理分析发现，从信息不对称角度来看，风险投资能够通过降低并购双方的信息不对称程度来提高被投资企业对标的资产估值的准确性，从而降低并购商誉规模。从代理问题角度来看，风险投资能够通过缓解代理冲突，从而降低并购商誉规模。从后期商誉减值视角来看，相比无风险投资持股的企业，有风险投资持股的企业后期商誉发生减值的概率和商誉减值的规模也更小。此外，结合风险投资持股与企业多元化并购的研究内容，研究发现相比无风险投资持股的企业，有风险投资持股的企业在进行非多元化并购后，其并购商誉规模以及后期商誉减值的可能性和减值的规模也更小。结合风险投资持股与企业并购支付方式的研究内容，研究发现相比无风险投资持股的企业，有风险投资持股的企业在选择现金支付方式后，其并购商誉规模以及后期商誉减值的可能性也更小。以上结论说明风险投资持股能够优化企业并购决策并有效抑制并购商誉泡沫。

第四，相比无风险投资持股的企业，有风险投资持股的企业短期并购绩效和长期并购绩效均显著更高。采用Heckman两阶段回归、PSM分析以及重新度量被解释变量进行稳健性检验后，上述结论依然成立。作用机理研究发现，风险投资对企业并购绩效的提高主要是通过降低信息不对称和缓解代理冲突实现的。此外，结合风险投资持股与企业多元化并购的研究内容，研究发现相比无风险投资持股的企业，有风险投资持股的企业在进行非多元化并购后，其短期并购绩效和长期并购绩效也更高。结合风险投资持股与企业并购支付方式的研究内容，研究发现相比无风险投资持股的企业，有风险投资持股的企业在选择现金支付方式后，其短期并购绩效和长期并购绩效也更高。以上结论说明风险投资持股能够优化企业并购决策并提高企业并购绩效。

本书的研究贡献主要在于：

第一，丰富了风险投资对公司并购战略影响的研究文献。现有研究关于风险投资对公司战略影响的研究主要集中在风险投资对公司IPO战略、战略联盟和国际化战略三个方面。关于风险投资对公司并购战略的影响，学者们重点关注了风险投资对公司异地并购和并购绩效的影响。本书考察了风险投资对公司其他并购决策——多元化并购和并购支付方式以及其他并购经济后果——并购商誉的影响，丰富了风险投资对公司并购战略影响的研究文献。

第二，丰富了公司并购决策影响因素的相关研究文献。现有研究关于公司并购决策影响因素的研究主要集中在公司股权结构、公司特征、融资约束、行业特征、制度环境以及市场环境等方面。鲜有文献将风险投资作为公司并购决策影响因素进行研究。尽管部分学者关注了风险投资对公司异地并购的影响，但是公司的并购决策过程是一个复杂的系统工程，除了异地并购外，公司的并购决策还包括多元化并购以及并购支付方式等多项决策。随着我国并购市场日渐活跃以及风险投资的积极介入，我们有必要关注风险投资对公司并购决策其他方面是否能够产生影响。本书基于我国现实背景，深入研究了风险投资持股对企业多元化并购和并购支付方式的影响，丰富了公司并购决策影响因素的相关研究文献。

第三，丰富了并购商誉影响因素的相关研究文献。现有研究关于并购商誉影响因素的研究主要集中在并购交易层面、高管层面、公司层面、宏观层面以及内外部监督治理机制上，尚未有人关注到风险投资对企业并购商誉的影响。当前，在并购浪潮的推动下，A股上市公司商誉资产规模不断扩大，商誉泡沫堆积，商誉减值的风险敞口也随之不断增大，给正常市场秩序以及上市公司未来经营埋下了巨大的隐患。因此，探究并购商誉的影响因素对于有效抑制并购商誉泡沫，防范化解金融风险具有重要意义。本书将风险投资作为并购商誉的影响因素进行考察，丰富了并购商誉影响因素的相关研究文献。

第四，拓展了风险投资对公司并购影响研究的深度。公司的并购决策蕴含着并购动因，又直接导致了并购经济后果。现有研究重点关注了风险投资对公司异地并购的影响以及风险投资对公司并购绩效的影响。本书将风险投资、并购决策以及并购经济后果三者纳入一个分析框架进行系统性研究是一次新的尝试。这不仅拓展了风险投资对公司并购影响的研究深度，而且还能够帮助我们进一步厘清风险投资在公司并购活动过程中是如何发挥作用的。

第五，深化了风险投资与被投资企业之间的互动机理研究。本书分别从风险投资的持股比例和持股家数以及企业所处的宏观层面和行业层面外部环境等视角，深入研究了不同背景特征的风险投资与不同特征企业间的影响关系，深化了风险投资与被投资企业之间的互动机理研究。

目录

导论 …………………………………………………………………………… 1

第一章　文献综述 ………………………………………………………… 11

第一节　关于风险投资的研究 …………………………………………… 11

第二节　关于公司并购的研究 …………………………………………… 16

第三节　文献述评 ………………………………………………………… 29

第二章　制度背景与理论基础 …………………………………………… 31

第一节　制度背景 ………………………………………………………… 31

第二节　理论基础 ………………………………………………………… 45

第三章　风险投资持股与多元化并购 …………………………………… 51

第一节　引言 ……………………………………………………………… 51

第二节　理论分析与假设提出 …………………………………………… 53

第三节　研究设计 ………………………………………………………… 54

第四节　实证分析 ………………………………………………………… 57

第五节　稳健性检验 ……………………………………………………… 63

第六节　进一步分析 ……………………………………………………… 69

第四章　风险投资持股与并购支付方式 ………………………………… 81

第一节　引言 ……………………………………………………………… 81

第二节　理论分析与假设提出 …………………………………………… 82

第三节　研究设计 …… 84
第四节　实证分析 …… 86
第五节　稳健性检验 …… 93
第六节　进一步分析 …… 99

第五章　风险投资持股与并购商誉 …… 112

第一节　引言 …… 112
第二节　理论分析与假设提出 …… 114
第三节　研究设计 …… 116
第四节　实证分析 …… 118
第五节　稳健性检验 …… 124
第六节　进一步分析 …… 131

第六章　风险投资持股与并购绩效 …… 155

第一节　引言 …… 155
第二节　理论分析与假设提出 …… 156
第三节　研究设计 …… 158
第四节　实证分析 …… 162
第五节　稳健性检验 …… 167
第六节　进一步分析 …… 174

第七章　研究结论与政策建议 …… 188

第一节　研究结论 …… 188
第二节　政策建议 …… 191
第三节　研究局限及未来研究方向 …… 193

参考文献 …… 196

导　论

一、选题背景与意义

（一）选题背景

风险投资（Venture capital）又称创业投资，其起源于19世纪末的美国。根据美国全美风险投资协会的定义，风险投资是由职业机构投资人投入新兴的、迅速发展的、具有巨大竞争潜力的企业中的一种权益资本。风险投资虽然是一种股权投资，但其投资的目的并不是为了获得企业的控制权，更不是为了经营企业，而是期望通过投资和增值服务帮助企业做大做强，最终通过IPO、并购、股权转让、回购、管理层收购以及清算等方式退出企业，从而获得高额资本退出回报。美国风险投资是在政府主导下发展起来的，同美国一样，中国风险投资也是在政府主导下发展起来的。1985年3月，中共中央出台了《关于科学技术体制改革的决定》，这是我国第一次在国家级政策层面上对风险投资给予了依据和保障。随后，大量政府背景的风险投资诞生。但是风险投资早期在中国的尝试以失败告终，直至1992年，第一家外资风险投资——IDG资本进驻中国，中国风险投资才开始真正意义上地进入萌芽期。在此后二十多年中，我国风险投资行业发展迅速，其活跃投资机构数量不断增加，从1992年的不足10家发展到2020年的4000多家。同时，其资本管理量也迅速增长并突破了10万亿元人民币大关，风险投资已经发展成为我国资本市场的重要参与者。

中国企业并购市场的起步几乎与中国风险投资行业的起步是同步的，自1984年出现现代公司制度下的并购交易活动至今已有三十多年的历史。与中国风险投资行业发展相类似，中国企业并购市场的发展最初也是在政府主导下发展起来的。其中，1992～1999年这一阶段是中国并购交易活动由政府主导向市场化发展的过渡时期，在这一时期，上市公司开始成为中国并购市场的重要参与者。2000年至今这一阶段是中国企业并购交易活动实现国际化发展的时期，尤其是2001年中国加入WTO后，中国开始真正意义上地进入以市场化和国际化为基础的公司并购阶段。当前，随着全球经济一体化进程不断地深入，行业竞争变得越来越激烈，企业发展面临着巨大的机遇和挑战。为了应对环境不确定性带来的影响，企业必须具备更新、整合资源的能力以获取和保持竞争优势。但是，由于企业自身拥有资源的局限性，单纯依赖自身内部增长已不足以在激烈的竞争中维持优势地位。企业必须能够跨越组织边界，有效识别和捕捉外部发展机会，并购就成为企业获取并保持竞争优势的重要决策。

根据普华永道（2020），2020年度中国并购市场继续保持火热状态，并购交易金额约为7338亿美元，相比上年大约增长了30%；并购交易数量高达10551宗，相比上年大约增长了11%。其中，风险投资等财务投资者2020年参与的并购交易金额为3552亿美元，较上年大约增长了59%，约占全部并购交易金额的48%；并购交易数量为5438宗，较上年大约增长了32%，约占全部并购交易数量的52%。无论从并购交易的金额和数量的绝对数指标还是相对数指标来看，风险投资等财务投资者在中国并购市场中都扮演着非常重要的角色，这为本书的研究提供了现实基础。

然而截至目前，理论上关于风险投资对企业并购影响的研究却相对较少。作为专业机构投资者，风险投资对创业企业的增值效应得到了学者们普遍的认可。比较主流的观点认为风险投资增值效应的来源主要包括认证功能（Megginson和Weiss，1991；吴超鹏等，2012；陈思等，2017）、监督治理功能（Lerner，1995；Kaplan和Strömberg，2004；Hellmann和Puri，2002；吴超鹏等，2012；吴超鹏和张媛，2017；李曜和宋贺，2017）、吸引资源功能（Barry等，1990；Kaplan和Strömberg，2001；Hochberg等，2007；蔡宁和何星，2015）以及咨询功能（Cumming和Johan，2007；李曜和宋贺，2017；李善民等，2019）。他们也从实证角度证明了风险投资增值效应对企业公司治理、公司战略、创新活动、生产与销售活动、投融资活动等多个方面的积极作用，目前却鲜有学者研究风险投资对企业并购的影响。其中，部分学者关注了风险投资对企业异地并购和并购绩效的影响（李曜和宋贺，2017；李善民等，2019；

董静等，2021）。但是，企业的并购决策除了异地并购外，还涉及多元化并购和并购支付方式等其他多项并购决策；除了并购绩效这一直接经济后果外，还涉及并购商誉等其他多种经济后果。同时，企业的并购决策蕴含着并购动因又直接导致了并购经济后果。因此，随着我国并购市场日渐活跃以及风险投资的积极介入，我们有必要将风险投资、并购决策及并购经济后果纳入一个框架体系进行研究。基于以上考虑，本书重点关注了以下几个问题：风险投资对公司的多元化并购和并购支付方式是否能够产生影响？风险投资推动的并购、进行的多元化并购以及选择的并购支付方式后期是否能够产生良好的经济后果？其中经济后果包括并购商誉和并购绩效两个方面。风险投资影响被投资企业并购决策与经济后果的内在作用机制是什么？风险投资的特征以及企业所处的外部环境差异对企业并购决策与并购经济后果的影响有差异吗？

（二）选题意义

1. 丰富了风险投资对公司并购战略影响的研究文献

现有研究关于风险投资对公司战略影响的研究主要集中在风险投资对公司IPO战略、战略联盟和国际化战略三个方面。关于风险投资对公司并购战略的影响，学者们重点关注了风险投资对公司异地并购和并购绩效的影响。本书考察了风险投资对公司其他并购决策——多元化并购和并购支付方式以及其他并购经济后果——并购商誉的影响，丰富了风险投资对公司并购战略影响的研究文献。

2. 丰富了公司并购决策影响因素的相关研究文献

现有研究关于公司并购决策影响因素的研究主要集中在公司股权结构、公司特征、融资约束、行业特征、制度环境以及市场环境等方面。鲜有文献将风险投资作为公司并购决策影响因素进行研究。其中，部分学者关注了风险投资对公司异地并购的影响。但是公司的并购决策过程是一个复杂的系统工程，除了异地并购外，公司的并购决策还包括多元化并购以及并购支付方式等多项决策。随着我国并购市场日渐活跃以及风险投资的积极介入，我们有必要关注风险投资对公司并购决策其他方面是否能够产生影响。本书基于我国现实背景深入研究了风险投资对企业多元化并购和并购支付方式的影响，丰富了公司并购决策影响因素的相关研究文献。

3. 丰富了并购商誉影响因素的相关研究文献

现有研究关于并购商誉影响因素的研究主要集中在并购交易层面、高管层面、公司层面、宏观层面以及内外部监督治理机制上，尚未有人关注到风险投资对企业并购商誉的影响。当前，在并购浪潮的推动下，A股商誉资产规模不断扩大，商誉泡沫堆积，商誉减值的风险敞口也随之不断增大，给正常市场秩序以及上市公司未来经营埋下了巨大的隐患。因此，探究并购商誉的影响因素对于有效抑制并购商誉泡沫，防范化解金融风险具有重要意义。本书将风险投资作为并购商誉的影响因素进行考察，丰富了并购商誉影响因素的相关研究文献。

4. 拓展了风险投资对公司并购影响研究的深度

公司的并购决策蕴含着并购动因，又直接导致了并购经济后果。现有研究重点关注了风险投资对公司异地并购的影响以及风险投资对公司并购绩效的影响，本书将风险投资、并购决策以及并购经济后果三者纳入一个分析框架进行系统性研究是一次新的尝试。这不仅拓展了风险投资对公司并购影响的研究深度，而且还能够帮助我们进一步厘清风险投资在公司并购活动过程中是如何发挥作用的。

5. 有利于公司改善并购决策以及政府和相关监管部门动态优化监管政策

由于企业自身拥有资源的局限性，公司仅仅依赖内部成长会面临资源和能力的约束，并购已成为公司识别和捕捉机会、整合内外部资源以取得竞争优势的有效手段。那么，并购真的能如预期一样为企业带来新的发展机遇吗？理论界和实务界对此存在诸多质疑。同时，近年来，随着《国务院关于进一步优化企业兼并重组市场环境的意见》（以下简称《意见》）的颁布，我国上市公司并购交易活动迎来新一轮爆发式增长，高估值、高业绩承诺的“双高”并购活动更是屡见不鲜。“双高”并购推动上市公司商誉资产规模快速飙升，商誉泡沫堆积。如果上市公司在短期内对商誉资产集中计提减值，将对资本市场整体造成巨大冲击，引发系统性金融风险。因此，探究如何优化监管政策，从而化解并购可能引发的系统性金融危机，引导我国资本市场健康发展，这一直是我国政府和相关监管部门想要努力解决的问题。本书通过深入探究风险投资及其不同参与方式对上市公司并购决策及经济后果的影响，稳健地证明了风险投资能够帮助企业改善并购决策并有效抑制并购商誉泡沫及提高并购绩效，其能够在并购交易活动中发挥积极作用，且风险投资的参与度越高，其在企业并购中发挥的积极作用也越大。这可以为公司改善并购决策机制以及政府及相关监管部门动态优化监管政策提供参考依据。一方面，公司可以利用风险投资在企业并购中的积极作用，为风险投资参与企业并购重组创造有利条件。另一方面，政府和相关监管部门可以通过鼓励和引导风险投资行业健康发展，与其共同维护资本市场的健康发展。

二、研究思路与框架

（一）研究思路

2014 年以来，随着《意见》的颁布，我国上市公司并购重组活动迎来新一轮爆发式增长。其中，在并购活动的参与者中，无论从交易金额和数量的绝对数指标还是相对数指标来看，风险投资等财务投资者在并购市场中都扮演着重要角色。而风险投资对被投资企业的增值效应也得到了学者们的普遍认可，那么风险投资参与企业并购交易活动能否对企业的并购决策产生影响呢？如有影响，这种影响能否产生良好的经济后果呢？这些问题促使本书将风险投资、企业并购决策与并购经济后果纳入一个框架体系进行研究。

基于上述考虑，本书首先对风险投资领域与企业并购领域的文献进行系统梳理。其次，本书梳理了中国风险投资的发展历程和现状、中国企业并购市场现状以及风险投资参与企业并购交易的现状。最后，依据相关理论基础，提出本书通过实证分析需要验证的主要内容。具体地，本书以 2014 ~ 2018 年首次 IPO 的 A 股上市公司为基础样本，从多元化并购、并购支付方式、并购商誉和并购绩效四个方面探究了风险投资对被投资企业并购交易事前、事中和事后全过程的影响并进一步探究了它们之间可能存在的内部作用机理。其中，多元化并购代表事前并购，并购支付方式代表事中并购，并购商誉和并购绩效代表事后并购经济后果。同时，考虑到风险投资特征以及企业所处的外部环境差异可能对回归结果产生不同的影响，本书还进一步考察了风险投资参与度以及企业所处的外部宏观层面和行业层面环境差异对风险投资与企业并购决策及并购经济后果的影响差异。

（二）研究框架

根据以上研究思路，本书确立了如下研究框架：

第一部分为导论和文献综述。该部分内容主要介绍了本书的选题背景和意义、研究思路与框架、研究方法以及研究创新点。同时，介绍了有关风险投资和公司并购领域的研究文献。其中，关于风险投资的研究，主要介绍了风险投资与公司治理、公司战略、创新活动、生产与销售活动、投融资活动等方面的研究文献。关于并购领域的文献，针对本书的研究主题，主要介绍了并购决策的影响因素和经济后果两方面的研究文献。在此基础上，对国内外现有文献进行了文献述评，指出了现有研究存在一些不足和值得深入探讨的地方。

第二部分为制度背景与理论基础。在制度背景部分，主要介绍了中国风险投资的发展历程和发展现状、中国企业并购市场发展现状以及风险投资参与企业并购交易情况概况，这为本书的研究奠定了现实基础。在理论基础部分，主要介绍了资源基础理论、社会网络理论、信息不对称理论以及委托代理理论，这为本书的研究奠定了理论基础。

第三部分为风险投资持股对企业多元化并购的影响。该部分内容主要通过实证方法检验风险投资增值效应的发挥对被投资企业多元化并购的影响及其作用机理并通过 Heckman 两阶段回归、PSM 分析以及其他稳健性检验方法等方法对研究结论进行了稳健性检验。进一步地，该部分内容还考察了风险投资参与度（持股比例和持股家数）以及企业所处的外部环境（宏观层面环境——市场化水平和行业层面环境——市场竞争程度）差异对企业多元化并购的影响。

第四部分为风险投资持股对企业并购支付方式的影响。该部分内容主要通过实证方法检验风险投资增值效应的发挥对被投资企业并购支付方式的影响及其作用机理并通过 Heckman 两阶段回归、PSM 分析以及其他稳健性检验方法等方法对研究结论进行了稳健性检验。进一步地，该部分内容还考察了风险投资参与度（持股比例和持股家数）以及企业所处的外部环境（宏观层面环境——市场化水平和行业层面环境——市场竞争程度）差异对企业并购支付方式的影响。

第五部分为风险投资持股对企业并购商誉的影响。该部分内容主要通过实证方法检验风险投资增值效应的发挥对被投资企业并购商誉规模的影响及其作用机理并通过 Heckman 两阶段回归、PSM 分析以及重新度量被解释变量等方法对该部分研究结论进行了稳健性检验。进一步地，该部分内容还考察了风险投资参与度（持股比例和持股家数）以及企业所处的外部环境（宏观层面环境——市场化水平和行业层面环境——市场竞争程度）差异对企业并购商誉规模的影响以及风险投资持股对企业后期商誉减值的影响。同时，该部分内容还进一步考察了风险投资所选择的多元化并购和并购支付方式模式对企业并购商誉的规模以及后期商誉减值的影响。

第六部分为风险投资持股对企业并购绩效的影响。该部分内容主要通过实证方法检验风险投资增值效应的发挥对被投资企业并购绩效的影响及其作用机理并通过 Heckman 两阶段回归、PSM 分析以及重新度量被解释变量等方法对该部分研究结论进行了稳健性检验。进一步地，该部分内容还进一步考察了风险投资所选择的多元化并购和并购支付方式模式对企业并购绩效的影响。

第七部分为研究结论与政策建议。该部分内容主要包括三个方面的内容。首先是对上文的研究内容进行归纳总结，得出本书的研究结论。其次，在此基础上，从创业企业、风险投资以及政府及相关监管部门三方提出政策建议。最后指出本书研究的局限性和未来可能的研究方向。具体的，本书的研究框架如图 0－1 所示。

三、研究方法

本书主要通过采用规范研究法、实证研究法以及比较分析法相结合的方法，系统深入地分析了风险投资持股对公司并购决策及并购经济后果的影响。具体如下：

第一，规范研究法。本书利用规范研究法，首先通过文献综述，全面系统地梳理了国内外关于风险投资与公司并购的相关研究文献，在分析和比较已有研究范围与边界的基础上，我们发现现有研究关于风险投资对企业并购影响的研究文献较少，除少有的几篇研究文献外，该领域还有很多问题值得我们进一步深入探讨。其次，本书在制度背景部分梳理了中国风险投资的发展历程和现状、中国企业并购市场发展现状以及风险投资参与企业并购交易情况，这为本书研究风险投资对企业并购的影响建立了现实基础。最后，本书通过资源基础理论、社会网络理论、信息不对称理论以及委托代理理论等相关理论为本书研究风险投资对企业并购的影响建立了理论基础。

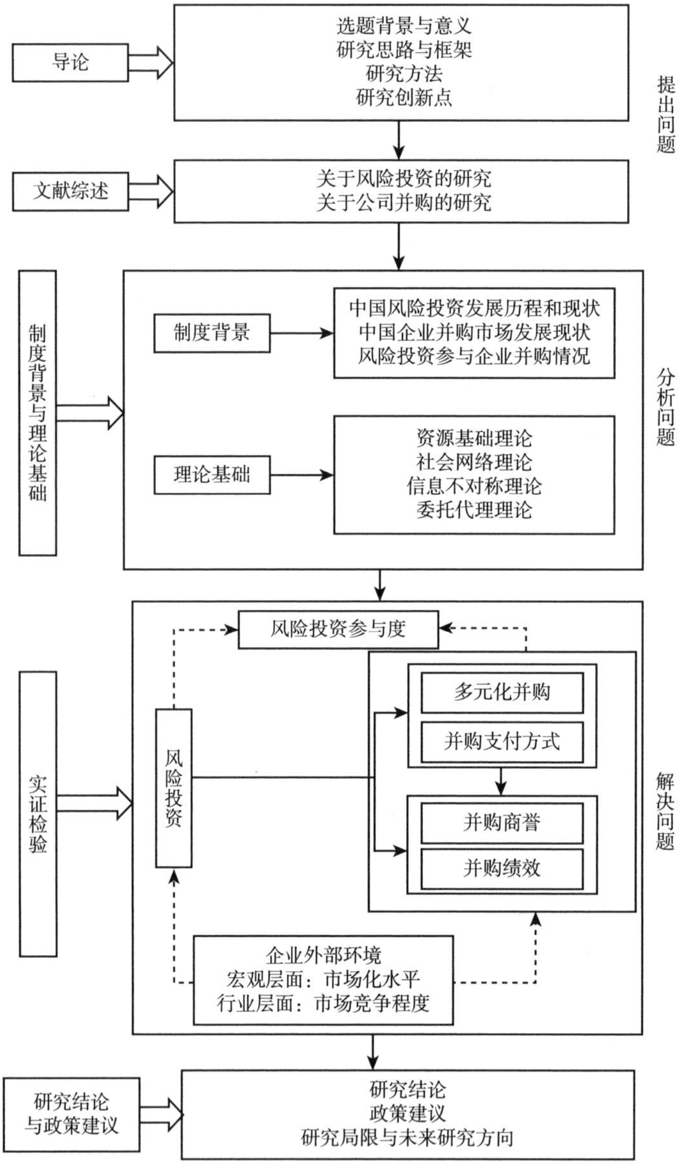

图 0－1　本书研究框架

第二，实证研究法。在借鉴相关研究的基础上，本书建立了多元化并购、并购支付方式、并购商誉和并购绩效四个研究专题的实证模型。其中，在多元化并购和并购支付方式两个研究专题中，本书主要通过采用 Logistic 回归进行假设检验；在并购商誉和并购绩效研究专题中，本书主要通过采用 OLS 回归进行假设检验。同时在各章节的稳健性检验部分，本书还采用了 Heckman 两阶段回归、PSM 分析、重新度量被解释变量以及其他稳健性检验方法对实证结论进行了稳健性检验。

第三，比较分析法。本书多处使用了比较分析法。首先，在检验风险投资对企业并购的影响时，本书将研究样本分为有无风险投资持股两种进行对比分析。其次，在分析风险投资参与度对企业并购的影响时，本书进一步将有风险投资持股的样本，按照持股比例和持股家数高低进行比较分析。最后，在进行外部环境分析时，本书对外部环境差异造成的风险投资持股对企业并购的影响进行了比较分析。

四、研究创新点

第一，现有研究关于风险投资对企业并购决策影响的研究主要关注了风险投资对企业异地并购的影响。但是企业的并购决策除了异地并购外，还涉及多元化并购和并购支付方式等其他多项决策。因此，本书将风险投资作为其他并购决策的影响因素进行考察不仅丰富了公司并购决策影响因素方面的研究文献，而且拓展了风险投资对企业并购战略影响因素方面的研究文献。

第二，现有研究关于风险投资对企业并购经济后果的研究主要集中在风险投资对企业并购绩效的影响上，尚未有人关注到风险投资对企业并购商誉这一隐性经济后果的影响。本书将风险投资作为并购商誉的影响因素进行考察不仅丰富了并购商誉影响因素方面的研究文献，而且拓展了风险投资对企业并购战略经济后果方面的研究文献。

第三，现有研究重点关注了风险投资对企业异地并购的影响以及风险投资对企业并购绩效的影响，本书则先分析了风险投资持股对企业并购决策的影响，然后进一步分析了风险投资持股的企业所选择的并购模式后期能否产生良好的经济后果，这是因为企业的并购决策蕴含着并购动因，又直接导致了并购经济后果。本书将风险投资、并购决策及并购经济后果纳入一个分析框架进行系统性研究是一次新的尝试，这不仅拓展了风险投资对企业并购影响的研究深度，而且还能够帮助我们更系统地理解风险投资在公司并购活动过程中是如何发挥作用的。

第四，本书分别从风险投资的持股比例和持股家数以及企业所处的宏观层面和行业层面外部环境等视角，深入研究了不同背景特征的风险投资与不同特征企业间的影响关系，从而深化了风险投资与被投资企业之间的互动机理研究。

第一章　文献综述

第一节　关于风险投资的研究

随着创新创业活动的兴起，学者们关注了风险投资对创业企业的影响。众多文献表明作为专业机构投资者，风险投资除了会为创业企业发展提供必要的财务资金支持外，为最终顺利退出并获得资本回报，他们也会积极参与创业企业的投后管理并对创业企业的公司治理、公司战略、创新活动、生产与销售活动、投融资活动等多个方面产生影响。因此，本节将主要从风险投资对创业企业公司治理、公司战略、创新活动、生产与销售活动、投融资活动五个方面进行文献综述。

一、风险投资与公司治理

作为积极投资者，为顺利获得资本退出收益并建立行业声誉，风险投资在进入创业企业后会通过出席股东（大）会、进驻董事会以及监督和激励管理层等多种方式参与创业企业的公司治理，从而提升创业企业的公司治理水平。董事会作为公司的最高决策机构，获取董事会席位是风险投资参与创业企业内部公司治理的普遍手段，也是风险投资实现对创业企业监督、控制以及服务的主要方式（Cumming 等，2010；党兴华等，2011）。研究表明，当创业企业的 CEO 被撤换后，风险投资在创业企业董事会的表决权上升，其监督职能也增强（Barry 等，1990）。与没有风险投资参与背景的企业相比，有风险投资持股背景的企业董事会中外部独立董事占比更高，董事会独立性也更强（Baker 和 Gompers，2003；Suchard，2009）。Proksch 等（2017）研究发现风险投资会向被投资企业派驻董事，监督管理层团队的日常工作，在财务和人力资本问题上高度支持被投资企业并建立强有力的治理机制。此外，风险投资在决定对创业企业进行投资后，一方面，会通过协助创业企业招募管理者、聘任或者解聘CEO、分阶段融资以及可转债等手段对管理层进行持续监督（Lerner，1995；Hellmann和Puri，2002）。另一方面，风险投资也非常擅长设计有效的激励制度以降低创业企业管理层的道德风险，改善公司内部管理水平。Hellmann和Puri（2002）发现风险投资的介入能够提高企业对经理人实施股票期权计划的比例。Chemmanur（2011）也发现风险投资对企业的薪酬激励措施能够提高企业的内部管理水平。随后，Gompers等（2016）发现风险投资基金管理人对被投资企业管理层实施股权激励有效且重要。我国学者王会娟和张然（2012）研究发现风险投资的介入能够显著提高被投资企业薪酬业绩敏感性，且风险投资的投资规模越大、投资期限越长、投资家数越多越能提高创业企业薪酬业绩敏感性。

二、风险投资与公司战略

现有研究关于风险投资对创业企业战略的影响主要从风险投资对创业企业IPO战略、战略联盟和国际化战略三个方面展开。

（一）风险投资对创业企业IPO战略的影响

关于风险投资对创业企业IPO战略的影响，学者们主要形成了两种不同的观点，一种是“认证功能假说”，另一种是“声誉效应假说”。“认证功能假说”认为，风险投资具有认证功能，当外部投资者与内部人之间存在信息不对称时，风险投资作为专业机构投资者可以向外部传递有关企业真实价值和品质的可靠信息，有效降低外部投资者与企业内部之间的信息不对称程度。因此，有风险投资参与的企业IPO折价率更低（Barry等，1990；Megginson和Weiss，1991）。“声誉效应假说”则认为，风险投资尤其是年轻的风险投资为了尽快建立声誉，从而能够顺利地募集后续风险投资资金，有动力推动被投资企业尽快上市，但是这样做的后果是被投资企业的发行价更容易被低估，IPO折价率更高（Gompers，1996；Lee和Wahal，2004）。事实上，“认证功能假说”和“声誉效应假说”在现实中都可能存在，在不同的证券市场上或者风险投资的性质不同时，研究结论就可能不同。如在英国证券市场上，风险投资参与能够对创业企业起到较好的认证作用，IPO 折价率更低。然而相反地，在法国证券市场上却是声誉效应假说得到了验证，表现为有风险投资持股的企业 IPO 折价率更高（Chahine 等，2007）。我国学者研究也发现，资本市场和风险投资产权性质的不同对创业企业 IPO 折价的影响有所差异。如在中小板和香港主板上市的中资企业中，有风险投资持股的企业 IPO 折价率更高，支持“声誉效应假说”；而在美国上市的中资企业中，有无风险投资持股对创业企业的 IPO 折价率并没有显著影响（陈工孟等，2011）。外资和混合型背景风险投资持股的企业相较于政府背景风险投资持股的企业 IPO 折价率更低；而民营背景风险投资持股的企业 IPO 折价率与政府背景风险投资持股企业的 IPO 折价率之间不存在显著差异；外资背景风险投资持股的企业 IPO 折价率低于非外资背景风险投资持股企业的 IPO 折价率（张学勇和廖理，2011）。

（二）风险投资对创业企业形成战略联盟的影响

关于风险投资对创业企业形成战略联盟的影响，学者们也形成了两种不同的观点。一种观点认为，风险投资尤其是高声誉的风险投资可以利用自身资源能力和社会关系网络为创业企业挑选与其整体战略一致或互补的合作伙伴，从而促使企业之间形成战略联盟（Hsu，2006；Lindsey，2008）。另一种观点认为，企业之间进行战略联盟主要目的是获取资金、技术等资源，而风险投资的加入也可以为企业带来这些资源，因此，对创业企业来说，引入风险投资与形成战略联盟两者之间存在替代关系，即风险投资的加入反而会抑制创业企业形成战略联盟（Ozmel 等，2013）。此外，不同于以上学者研究形成的单一结论，有学者发现创业企业面临的环境不同时，风险投资介入对创业企业战略联盟选择可能不同。如 Wang（2012）研究发现，风险投资的介入会抑制创业企业之间形成战略联盟，但是随着创业企业面临的技术不确定性以及市场竞争程度的提高，为降低市场风险，风险投资的介入则会促使创业企业之间形成战略联盟。Dushnitsky 和 Lavie（2010）研究也发现，当公司风险投资（CVC）与战略联盟企业之间没有形成资源竞争时，公司风险投资（CVC）能够促进创业企业之间形成战略联盟；而当公司风险投资（CVC）与战略联盟企业之间同质性较强且内部资源分配受限时，公司风险投资（CVC）则会抑制创业企业之间形成战略联盟。

（三）风险投资对创业企业国际化战略的影响

关于风险投资对创业企业国际化战略的影响，学者们普遍认为风险投资能够促进创业企业实施国际化战略。Carpenter 等（2003）首次研究了风险投资对高科技上市公司国际化战略选择的影响。他们基于理性风险承担理论认为风险投资不仅能为创业企业提供资金和战略咨询，更重要的是，作为风险专家，风险投资还能够容忍创业企业国际化经营中的风险，从而促进创业企业实施国际化战略。然而，实证研究结果却发现了相反的结论，即有风险投资持股背景的高科技上市公司实施国际化战略的可能性反而更低。为了进一步验证理性风险承担理论，他们发现并非所有的风险投资都能促进创业企业实施国际化战略，只有当风险投资进驻创业企业董事会、向创业企业选派高层管理人员或者与创业企业国际化经验互补时，他们才会促使创业企业实施国际化战略。随后，George 等（2005）以 889 家瑞典中小企业上市公司为样本，研究发现相比内部所有者（CEO 和其他高级管理人员），外部所有者如风险投资更能提高创业企业的风险承担水平，从而增加创业企业实施国际化战略的规模和范围。且随着风险投资的持股比例的增大，创业企业实施国际化战略的规模和范围也随之变大。此外，Mäkelä 和 Maula（2005）从风险投资的背景特征进行研究，他们发现外资背景的风险投资能够将其所在国市场中新设企业合法化，因此，外资背景的风险投资在帮助创业企业进行国际化战略选择时，更倾向于将创业企业实施国际化战略的目标市场定位在自身所在国市场，从而为创业企业创造价值。近年来，我国学者也开始关注风险投资对创业企业国际化战略选择的影响。董静等（2017）以我国中小板和创业板 300 家高科技上市公司为样本进行实证检验，他们发现风险投资能够提高创业企业国际化的广度和深度。进一步研究发现，当风险投资的背景为外资背景、行业专长更高以及为联合投资时，创业企业国际化的广度和深度也更大。

三、风险投资与公司创新活动

关于风险投资对公司创新活动的影响研究结论并不一致。学者们普遍认为风险投资的增值效应不仅能为创业企业的创新活动提供资金支持和技术管理帮助，还可以降低创业企业家的道德风险，减少创新活动面临的内外部不确定性。因此，风险投资对企业的创新活动具有促进作用，具体表现为风险投资对创业企业创新投入强度、行业专利申请率、公司申请并获得的专利数量以及公司专利被引用率有正向影响（Kortum 和 Lerner，2000；Metrick 和 Yasuda，2010；庄新霞等，2017；陈思等，2017）。然而，也有少数研究发现风险投资的介入对企业的创新活动没有显著影响，甚至产生了负面影响。Gompers 和 Lerner（2003）研究发现相对于风险投资发展的平稳期而言，在风险投资发展的繁荣时期，其对技术创新的促进作用反而下降了。我国学者陈见丽（2011）研究发现风险投资的介入不能为被投资企业带来创新资源，也不会提高被投资企业的创新成果和效益。夏清华和乐毅（2021）从创新投入和产出两个视角研究风险投资对中国创业企业技术创新的影响，研究发现是否引入风险投资对创业企业的创新投入和产出并没有显著影响。温军和冯根福（2018）认为风险投资与企业创新之间并非单一的线性关系，它们之间的关系呈现正“U”形关系，在 IPO 当年或前一年攫取效应表现最强劲，而增值服务却表现不明显。但是在企业 IPO 后，促进作用逐渐增大，表现出明显的增值效应。

四、风险投资与公司产销活动

在公司生产与销售活动方面，相关学者研究发现风险投资与创业企业的生产与销售活动密切相关，其能够推动创业企业的产品更快进入市场（Hellmann 和 Puri，2000）、增加销售收入（Acharya 等，2013；王力军和李斌，2016）及提高生产效率（Chemmanur 等，2011；赵静梅等，2015；陈鑫等，2017）。Hellmann 和 Puri（2000）研究发现相比被归类为模仿者的企业，风险投资更倾向于选择投资被归类为创新类的企业并能显著缩短企业产品的上市时间，推动产品更快进入市场。Acharya 等（2013）研究发现成熟的私募股权投资通过积极参与创业企业所有权和公司治理提高了创业企业的销售利润率。王力军和李斌（2016）研究也发现在中国资本市场上，风险投资持股能够使创业企业 IPO 前的销售增长率增加 5.1%。Chemmanur 等（2011）发现风险投资持股能够显著提高企业的全要素生产率。我国学者赵静梅等（2015）在 Chemmanur 等

（2011）研究的基础之上，进一步考虑了生产要素配置之间的内生性问题对研究结果的影响。他们发现风险投资持股并不能提高企业的生产效率。随后，陈鑫等（2017）研究发现风险投资持股能够显著提高企业的全要素生产率。

五、风险投资与公司投融资活动

在投资活动方面，我国学者吴超鹏等（2012）在国际学术界上首次研究了风险投资对上市公司投资效率的影响。他们发现即使在公司上市后，风险投资仍可以发挥监督作用并通过自身声誉效应和融资关系渠道缓解代理冲突和信息不对称问题，从而提高公司的投资效率。随后，蔡宁和何星（2015）从“社会嵌入”理论入手，研究发现风险投资的网络位置越高，越有可能缓解公司的投资不足问题，但却加剧了过度投资问题。谢漾和洪正（2020）研究发现风险投资能够通过控制代理成本和降低信息不对称问题，缓解中小企业过度投资和投资不足问题，提高投资效率。风险投资除了对企业投资效率整体性的影响外，还可能影响企业的具体投资活动，如投资偏好，研究发现相比无风险投资持股的企业，有风险投资持股的企业长期投资强度更高，而短期投资水平更低（雷光勇等，2017）。在融资活动方面，风险投资持股能够通过降低信息不对称和缓解代理冲突来降低被投资企业的后续融资约束问题（吴超鹏等，2012；胡刘芬和周泽将，2018）。

除此之外，研究发现风险投资还能够对被投资企业的资本结构、资产周转、现金股利政策、盈余管理行为、股价崩盘风险、审计费用以及公司价值等多个方面产生影响（胡刘芬，2016；Nahata，2008；王力军和李斌，2016；王会娟等，2014；吴超鹏，2017；Morsfield 和 Tan，2006；Ball 和 Shivakumar，2008；马宁，2019；权小锋和尹洪英，2017；权小锋和徐星美，2017；刘圻和王聪聪，2019；Croce 等，2013；Dutta 和 Folta，2016；李九斤等，2015）。

第二节　关于公司并购的研究

哪些因素影响了企业的并购活动？企业的并购活动是否能够优化资源配置

并产生良好的经济后果？这是研究关注的重点。因此，在文献综述部分，我们梳理了企业并购决策的影响因素和经济后果两方面的研究文献。其中，在并购决策的影响因素中，结合本书研究的主要内容，我们主要梳理了多元化并购和并购支付方式的影响因素相关研究文献。在并购决策的经济后果中，结合本书研究的主要内容，我们主要梳理了并购商誉的影响因素和经济后果相关研究文献以及并购绩效的影响因素相关研究文献。

一、并购决策影响因素

（一）多元化并购的影响因素

关于多元化并购影响因素方面的文献，我们主要是从公司治理、公司特征、行业特征、制度环境和市场环境方面展开的。

在公司治理方面，研究发现公司的股权结构影响企业的多元化并购。一方面，不同于西方国家，在中国特殊的制度背景下，我国上市公司股权相对集中，普遍存在控股股东对中小股东的利益侵占问题，即第二类代理问题。张翼等（2002）研究发现在国有控股的上市公司中，国有股权的持股比例与公司多元化程度呈正“U”形关系，尤其在地方政府和地方国有企业控股的上市公司中更是如此，且这种多元化经营更多是价值毁损型的，从而证实了代理问题是造成我国企业过度多元化的动因。与此类似，学者们还发现公司实际控制人的控股权比例以及终极控制人的两权分离度越大，其对中小股东的利益侵占越严重，公司进行多元化并购的可能性也越大（张志宏和费贵贤，2010；陈旭东等，2013）。另一方面，所有权与经营权的分离使得管理层与股东之间存在代理冲突，即第一类代理问题，管理层会为了降低自身风险如失业风险及声誉风险而盲目进行多元化并购。Amihud 和 Lev（1981）研究发现由于代理成本的存在，管理者为降低劳动力风险，使得管理者控制的企业发生多元化并购的数量远高于所有者控制的企业，且其并购收益显著低于所有者控制的企业。高燕燕和黄国良（2016）研究发现内部人控制程度与企业多元化并购之间存在正相关关系。此外，管理层过度自信也是造成企业过度多元化的动因（Malmendier 和 Tate，2008）。李善民等（2019）研究发现北方籍贯的 CEO 受北方文化的长期熏陶，其并购决策更为激进，具体表现为其所在公司更倾向于进行多元化并购。

在公司特征方面，国内外学者研究发现并购前公司的产权性质、经营绩效、多元化经营状况、资源能力以及公司所处的生命周期阶段会影响公司的多元化并购战略。具体来看，并购前公司的经营业绩越好，规模越大、进行专业化经营的国有企业越倾向于进行相关行业并购，而并购前进行多元化经营的公司更倾向于进行多元化并购（Park，2003；李善民和周小春，2007）。在资源能力方面，研究发现公司并购前拥有的实物资源、知识资源以及外部资金资源越多，其进行相关多元化并购的可能性越大；企业拥有的内部资金资源越多，其进行无关多元化并购的可能性越大；而公司的资产专用型程度越高，其进行横向并购的可能性越大（Chatterjee 和 Wernerfelt，1991；徐虹等，2015）。此外，在跨国并购中，企业积累的并购经验越多，其进行多元化并购的可能性也越大（郭建全等，2017）。关于企业生命周期方面的研究，杨艳等（2014）发现随着企业生命周期的演进，企业的并购倾向逐渐由横向并购向混合并购和纵向并购过渡。刘文楷等（2017）则认为随着企业生命周期的演进，其越倾向于进行多元化并购，即企业生命周期和多元化并购可能性之间呈单一线性关系。

在行业特征方面，研究发现在进行并购决策时，公司自身所处的行业特征影响其多元化并购（Christensen 和 Montgomery，1981）。当公司所处行业市场饱和且市场竞争激烈或者再投资其所处行业缺乏吸引力时，公司选择多元化并购更为适宜；而当公司处在有吸引力的行业时，公司更倾向于进行相关并购（Ansoff，1965；Bettis 和 Hall，1982）。我国学者从实证角度验证了上述理论观点。如李善民和周小春（2007）通过实证研究发现并购方并购前所处行业的经营绩效越好，其进行相关并购的可能性越大，但是实证结果并没有通过显著性检验。随后李善民等（2009）以及杨威等（2019）研究发现当并购方所处行业竞争越激烈、利润率越低时，出于行业转型的动机，其越倾向于进行多元化并购；而当目标行业利润率越高时，其也越倾向于进行多元化并购。

在制度环境方面，针对中国特殊的制度背景，学者们研究发现企业的政治关联影响其多元化并购。当将政治关联视为同质时，研究发现无论是国有企业还是民营企业，企业的政治关联越高，其进行多元化并购的可能性也越高

(李善民等，2009)。随后，学者们将政治关联分为地方政治关联和中央政治关联两种层级来进一步探究政治关联对多元化并购的影响。如魏江等（2013）研究发现地方政治关联有助于企业进行同行业并购；而中央政治关联有助于企业进行多元化并购。高燕燕和黄国良（2016）从政府干预的视角出发，研究发现政府干预与多元化并购显著正相关。在跨国并购中，标的方所在国的政策变化以及政府干预均会增加并购中的不确定性。依据前景理论，并购方所处的政治风险越高，其就更偏向于进行风险更大的多元化并购（郭建全等，2017)。此外，开发区层级对域内企业的多元化并购也有影响。研究发现处在国家级开发区域内的企业更倾向于实施横向并购，处在省级开发区域内的企业则更倾向于实施多元化并购和纵向并购（蔡庆丰和陈熠辉，2020)。

在市场环境方面，研究发现市场发育程度以及产品市场竞争程度对企业多元化并购战略会产生影响。如张志宏和费贵贤（2010）研究发现市场化程度越高，企业越倾向于进行多元化并购。徐虹等（2015）研究发现产品市场竞争越激烈，企业进行横向并购的可能性越高。

（二）并购支付方式的影响因素

目前，关于并购支付方式影响因素的研究主要是从信息不对称理论、控制权理论、市场时机理论以及债务融资能力方面展开的。

信息不对称理论认为，当并购双方之间的信息不对称程度越高时，并购方出于风险共担的动机往往选择股票支付方式以降低并购风险。研究发现当并购双方的相对规模越大或者并购双方处在不同行业时，它们之间的信息不对称程度越大，主并方选择股票支付的可能性也越大（Hansen，1987；Faccio 和 Masulis，2005)。我国学者苏文兵等（2009）也发现并购双方的相对规模越小，主并方选择现金支付的可能性越大。但并购双方是否处于同行业对主并方支付方式的选择却无显著影响。武恒光和郑方松（2017）研究发现目标方审计质量的提高或者主并方所在地区的社会信任的提高能够显著降低并购双方的信息不对称程度，从而提高主并方选择现金支付的概率。

控制权理论认为，控制权是有价值的，控制主体能够通过控制权获得较高层级需要的满足，如获得他人的尊重和实现自我人生价值。在企业并购时，为防止控制权被稀释，甚至丧失控制权，控制主体往往偏向于选择现金支付方式。国内外关于控制权对并购支付方式的影响主要是从管理层和股东两个角度展开的。Stulz（1988）最早从理论上预测了并购支付方式受到管理层控制权的影响。他认为在企业并购时，管理者为了保持其控制地位，其更倾向于通过债务融资来获取现金对目标方进行支付。随后，Amihud 等（1990）和 Martin（1996）的研究通过实证验证了 Stulz（1988）的理论观点。Faccio 和 Masulis（2005）首次将控制权对并购支付方式的影响从管理层视角扩展到大股东角度。他们发现，当大股东的持股比例处在 15.79% ~61.67% 这一区间时，大股东持股比例与现金支付之间存在显著的正相关关系。Swieringa 和 Schauten（2008）以及苏文兵等（2009）也得到了类似的结论。此外，李双燕和万迪昉（2010）从并购方控股股东视角出发构建了企业并购支付方式选择理论模型。该模型认为并购方控股股东在受到控制权威胁时，偏好选择现金支付。随后，李双燕和汪晓宇（2012）从实证角度进一步验证了该理论。李井林等（2013）将研究的样本聚焦在家族企业上市公司中，研究发现家族终极控股股东的持股比例越大，并购方现金支付的比例也越大。孙世攀等（2013）研究发现，管理层的持股比例与现金支付比例之间存在显著的正相关关系；而大股东持股比例处于中间区间时，其持股比例越大，并购方选择股票支付的可能性也越大；而在持股比例很高和很低的区间内，大股东持股比例与股票支付水平之间的关系却不显著。

市场时机理论最早是由 Stein 于 1996 年提出的，Shelifer 和 Vishny（2003）最早将该理论引入并购领域。该理论认为股价高估是企业并购的主要动因之一，并购方管理层出于利润最大化的动机，往往在股价高估时发动并购并倾向于选择股票作为并购支付方式。相关学者从市场错误定价角度对该理论进行了验证，得出了相对比较一致的结论。Savor 和 Lu（2009）以及 Giuli（2013）实证研究发现并购方股票价值高估程度越大，并购方选择股票支付的可能性越大。股权分置改革后，我国关于股票市场和并购支付方式的相关研究逐渐增多。早期的研究并没有发现股价与并购支付方式的相关关系（李善民和陈涛，2009；刘淑莲等，2012），这表明在这一时期，我国上市公司在选择并购支付方式时并没有考虑股票市场，使用市场时机理论解释我国上市公司并购支付方式并不适用。然而，近年来，越来越多的研究表明股票市场对我国上市公司并购支付方式选择有重要影响。吴俊霖（2015）、赵息和孙世攀（2015）研究发现在股市高涨、股价被市场高估的情况下，并购方选择股票支付的概率大大提升，即支持市场时机理论对并购支付方式选择的影响。李井林等（2017）基于动态权衡理论和市场时机理论双重视角，研究发现并购方存在利用股票市场通过并购支付方式择时进行资本结构调整的动机，即股价高估且过度杠杆的并购方在并购支付方式选择时，更倾向于选择股票支付。曾江洪等（2020）基于市场时机理论研究发现并购方股票行业系统性错误定价与股票支付之间存在正相关关系。

在债务融资能力方面，研究发现企业面临的融资约束影响并购方支付方式的选择，但是研究结论并不一致。其中，依据优序融资理论，在并购时，并购方管理层为使并购融资成本最低，应该首先使用自有资金进行支付，不足部分再考虑举债支付和发行股票支付。因此，当并购方存在融资约束时，其更倾向于选择现金支付方式。国内外相关学者为上述理论提供了实证经验证据（杨志海和赵立彬，2012；Brune 等，2015）。融资约束理论认为由于信息不对称问题的存在，公司普遍面临融资难的问题，出于预防性动机和投机性动机，公司为保持流动性往往选择保留较多的流动资产（连玉君等，2010）。因此，在并购时，面临融资约束的公司更倾向于选择股票支付方式（Faccio 和 Masulis，2005；Alshwer 等，2011；李井林等，2014；葛伟杰等，2014；陈佳琪等，2020）。债务容量也会对企业的并购支付方式产生影响。国内外学者们以有形资产、抵押能力、实际财务杠杆与预测财务杠杆的偏离程度、资产负债率、流动比率以及现金负债率等不同的财务指标来衡量企业的债务容量，研究均发现企业的债务容量与现金支付方式之间存在正相关关系（Hovakimian 等，2001；Faccio 等，2005；Harford 等，2009；孙世攀等，2013）。此外，当企业与银行之间具有良好的银企关联、企业信用评价较好以及企业财务弹性较高时，企业的债务融资能力也相对更强，这类企业在进行并购时选择现金支付方式的可能性也越大（Karampatsas 等，2014；徐虹等，2015；秦凤鸣和李明明，2016；罗付岩，2016）。

二、并购决策经济后果

（一）并购商誉的影响因素和经济后果

2014 年以来，随着《意见》的颁布，我国上市公司并购重组活动迎来新一轮爆发式增长，高估值、高业绩承诺的“双高”并购活动更是屡见不鲜（高榴和袁诗淼，2017）。“双高”并购推动上市公司商誉资产规模快速飙升，商誉泡沫堆积，商誉减值的风险敞口也随之不断加大，上市公司商誉爆雷的现象更是时有发生。商誉问题已然成为资本市场关注的重要问题，也受到了学者们的广泛关注。在理论研究方面，现有文献对并购商誉的研究主要集中在并购商誉的影响因素和经济后果上。

1. 并购商誉的影响因素

学者们对并购商誉影响因素的研究主要从以下两个方面展开：一是哪些因素导致了商誉高估并影响了商誉减值的计提，二是哪些因素能够有效抑制并购商誉泡沫并提高商誉减值计提的及时性。针对第一个方面，现有研究主要从并购交易层面、高管层面、公司层面以及宏观层面四个方面展开。针对并购交易层面，研究发现并购方对目标方的超额支付越高，企业并购商誉规模越大，其后期商誉发生减值的概率和减值规模也越高（Li 等，2011；Olante，2013）。此外，并购支付方式对企业并购商誉规模也会产生影响。研究发现当企业选择股票支付方式时，其对标的资产的定价会虚高，从而导致商誉高估（谢纪刚和张秋生，2013）。当公司在并购过程中设置了业绩承诺条款时，业绩承诺未完成的公司确认商誉减值的可能性越高（原红旗等，2021）。针对管理层层面，研究发现管理层的过度自信和风险偏好程度、管理者的权利和能力、债务与薪酬契约以及 CEO 变更和任期等会对企业并购商誉的规模、减值损失的确认以及商誉减值计提的及时性产生重要影响（Beatty 和 Weber，2006；Brown 和 Sarma，2007；Abughazaleh 等，2011；Ramanna 和 Watts，2012；Glaum 等，2018；李丹蒙等，2018；陈耿和严彩红，2020；谭燕等，2020；柳建华等，2021；刘爱明和徐华友，2021）。针对公司层面，研究发现公司的投资机会越小、规模越大、当期股票收益率、市账比和资产收益率越低时，企业商誉减值的可能性和规模越大（Chalmers 等，2011；Abughazaleh 等，2011；Giner 和 Pardo，2015；Glaum 等，2018）。在宏观层面，研究发现商誉存在顺周期效应（周泽将等，2021），市场错误定价、政府补贴和产业政策支持显著提高了并购商誉规模（曾江洪等，2020；赵欣等，2020；赵彦锋和汤湘希，2020）。

针对第二个方面，学者们研究发现良好的内外部监督治理机制能够有效抑制并购商誉泡沫并提高商誉减值计提的及时性。在内部监督方面，研究发现完善的公司治理机制能够有效抑制管理层的“洗大澡”和盈余平滑动机，显著提高公司商誉减值计提的及时性（Abughazaleh 等，2011；Kabir 和 Rahman，2016）。公司董事会的独立性越强，其越能够显著降低公司的商誉减值规避行为，提高商誉减值的及时性（Verriest 和 Gaeremynck，2009；Gros 和 Koch，2020）。公司通过提升企业内部控制水平能够有效降低并购超额商誉以及商誉减值的计提比例，从而有效抑制并购商誉泡沫（张新民等，2018）。除此之外，企业社会责任履行及信息披露作为一种有效的内部治理机制提高了商誉估值的公允性，也能够有效抑制并购商誉泡沫（许罡，2020）。在外部监督方面，研究发现公共监督、市场中介机构监督以及机构投资者的监督作用能够有效抑制并购商誉泡沫并提高商誉减值计提的及时性。如 Gros 和 Koch（2020）研究发现良好的国家会计审计执行力度能够有效抑制管理层利用商誉减值的机会主义行为动机，从而降低公司对商誉减值计提的规避行为。韩宏稳和唐清泉（2021）从会计治理的角度出发，研究发现企业会计稳健性越高，并购方超额商誉规模以及后续并购商誉减值的可能性越低。卢煜和曲晓辉（2016）研究发现高质量的审计师能够显著抑制并购方通过商誉减值进行盈余管理的动机，具体表现为“洗大澡”和盈余平滑动机。除此之外，高质量的审计还能提高并购方计提商誉减值的及时性（Albersmann 和 Quick，2020）。李璐和姚海鑫（2019）从并购双方共享审计师的视角出发，研究发现共享审计能够有效抑制并购商誉泡沫。Ayres 等（2019）研究发现分析师可以通过事前加强对企业绩效的分析以及事后增加企业未能及时计提商誉减值所产生的负面影响两种方式促使企业及时确认商誉减值。耿建新和丁含（2021）研究发现资产评估机构能够有效抑制并购商誉泡沫。Glaum 等（2018）研究发现公共监督以及审计师和机构投资者的外部监督有助于提高企业确认商誉减值的及时性。

2. 并购商誉的经济后果

学者们对并购商誉经济后果的研究主要是从企业自身经营风险、股票市场、债务市场以及中介市场几个方面展开的。对企业自身经营风险而言，研究发现企业支付的高额商誉不仅降低了企业的未来业绩（郑海英等，2014；魏志华和朱彩云，2019），而且抑制了企业的技术创新水平（朱郭一鸣和王婉婉，2021）。尤其当企业并购商誉后续发生减值时，这不仅直接导致公司当期费用以及业绩下滑，而且还将严重影响公司未来经营所需的现金流量（Bostwick

等，2016）。受此影响，企业的薪酬委员会也会通过下调管理层的现金薪酬和期权薪酬以阻止管理层再次进行这种价值毁损型的高风险并购活动（Darrough 等，2014；卢煜和曲晓辉，2016）。在股票市场上，投资者也会因为商誉减值对企业给予负面评价（Knauer 和 Wöhrmann，2016），引起企业股价下跌（Lapointe - Antunes 等，2009；Li 等，2011；曲晓辉等，2017），甚至引发股价崩盘风险（韩宏稳等，2019）。在融资市场上，公司商誉减值也会给公司的债务融资成本和债务期限带来负面影响（徐经长等，2017；杜春明等，2019），显著提高了企业的权益资本成本（Iatridis 和 Senftlechner）。在中介市场上，审计师在定价时也往往将并购商誉作为一种风险信号。研究发现，企业并购商誉的规模越大，审计收费越高，尤其在这些公司发生商誉减值时，审计收费增加得更多（Jarva，2014；叶建芳等，2016；郑春美和李晓，2018）。分析师也会因为公司计提商誉减值而下调公司未来的盈利预期，同时分析师预测的准确度也会因此受到负面影响（Li 等，2011；曲晓辉等，2016）。

（二）并购绩效的影响因素

关于并购绩效影响因素方面的文献，结合本书的主要研究内容，我们首先梳理了多元化并购与并购绩效，其次梳理了并购支付方式与并购绩效，最后梳理了除多元化并购和并购支付方式以外，其他影响并购绩效的因素。

1. 多元化并购与并购绩效

关于多元化并购对并购方并购绩效的影响，学者们的研究结论并不一致。比较主流的观点认为多元化并购对并购方的并购绩效有负面影响，即存在多元化折价现象，尤其与同行业并购相比时，多元化并购的市场反应普遍更低。学术界关于多元化并购的折价现象最早是从 20 世纪 80 年代的发达资本主义国家开始的。早期学者 Berger 和 Ofek（1995）研究发现由于受过度投资以及交叉补贴的影响，公司进行多元化并购后，其平均价值损失高达 13% ~15%。随后，他们在探究进行多元化的样本公司逐渐归核化的原因和后果时发现，样本公司进行归核化管理后，其平均市场累计超额收益为 7.3%，且这些收益与样本公司此前实施多元化并购造成的价值损失显著正相关，这也从侧面验证了多元化折价现象。Gregory（1997）研究发现尽管整体来讲，并购对企业的长期业绩有负面影响，但是多元化并购对企业价值的长期负面影响是同业并购的 3

倍之多。在并购公告的两年内，多元化并购企业的累计超额收益为 - 11.33%，同业并购企业的累计超额收益为 - 3.48%。Megginson 等（2001）的研究也得到了类似的结论，他们研究发现在样本公司并购后的三年内，多元化并购导致股东财富的相对损失超过 25%，且多元化程度每上升 10%，股东财富相对下降 9%。尤其是无关多元化并购，其对股东财富造成的损失影响最为严重，其损失程度高达 31%。

我国学者对于多元化并购折价现象的研究多是通过事件研究法进行的。如李善民和朱涛（2006）研究发现多元化并购对并购方的长期市场绩效有显著的负面影响，在并购后的 1 至 3 年内，并购方的股东财富损失平均高达 6.5% ~ 9.6%。洪道麟等（2006）基于狂妄假说和自由现金流假说研究也得到了类似的结论。韩忠雪和程蕾（2011）则同时考察了多元化并购对并购方短期并购绩效和长期并购绩效的影响。他们发现相比同行业并购，多元化并购的短期并购绩效更高，而长期并购绩效更低。随着研究的深入，陈旭东等（2013）进一步将并购动因纳入多元化并购对并购绩效影响的研究中，研究发现终极控制人两权分离度越大，公司进行多元化并购的概率越高且多元化并购的绩效显著低于同行业并购的绩效。

此外，少数学者认为多元化并购对并购方的并购绩效有积极影响或者没有影响，而同行业并购绩效也并没有优于多元化并购的并购绩效。Lubatkin（1987）研究发现并购交易双方均能在并购中获益，但多元化并购与相关并购的并购绩效之间并没有显著差异。Matsusaka（1993）研究发现多元化并购企业的累计超额收益显著为正，同业并购企业的累计超额收益显著为负，多元化并购绩效优于同业并购绩效。Agrawal 等（1992）研究发现在并购后的 1 ~ 5 年内，并购方的长期市场累计超额收益显著为负。进一步将并购事件区分为多元化并购和同业并购后，多元化并购的长期市场累计超额收益显著高于同业并购的长期市场累计超额收益。我国学者金晓斌等（2002）研究发现多元化经营本身是中性的，其对企业绩效没有显著影响，而多元化经营的方式和边界才是影响企业绩效的真正原因。

2. 并购支付方式与并购绩效

国外学者关于并购支付方式对并购绩效的影响结论并不一致。一部分学者认为相对于股票支付方式，现金支付方式获得的并购绩效可能更高（Travlos,

1987；Fuller 等，2002）。相反地，另一部分学者却认为相对于现金支付方式，股票支付方式获得的并购绩效可能更高（Chang，1998；Moeller 等，2004）。随着研究的深入，国外学者开始探究不同并购支付方式引起并购绩效差异的深层原因。基于自由现金流理论，研究发现自由现金流充裕的企业更可能进行收购，且由于现金支付方式使得资源向被并购方流动，能够有效降低代理成本，因此通常采用现金支付方式的并购绩效显著高于股票支付方式的并购绩效（Jesen，1986；Harford，1999）。基于信号传递理论，研究发现导致并购绩效不同的并不是支付方式本身引起的，而是由于并购方以其股价偏离真实价值的方向选择支付方式会向市场传递不同信号，即并购方往往在股价高估时选择股票支付，在股价低估时选择现金支付。因此，当并购方选择现金支付方式时将向投资者传递公司股价被高估的信号，当并购方选择股票支付方式时将向投资者传递公司股价被低估的信号，从而导致现金支付的并购绩效高于股票支付（Sudarsanam 和 Mahate，2003；Shleifer 和 Vishny，2003）。基于税收效应理论，研究发现由于采用股票支付，股东无须立即缴纳资本利得税，他们可以等到股票转让时再缴纳，具有递延缴税的优势，因此采用股票支付的公司并购绩效显著更高（Martin 和 Raymond，2010）。在我国，在股权分置改革前，中国并购支付方式形式比较单一，多采用现金支付方式，因此关于并购支付方式与并购绩效的研究相对较少。随着股权分置改革的进行，这方面的研究开始逐渐增多。杜兴强和聂志萍（2007）研究发现采用现金支付方式的短期并购绩效显著高于其他支付方式的短期并购绩效。而曾颖（2007）研究发现股票支付形式的并购绩效优于现金支付。随后，陈涛和李善民（2011）以及周绍妮和王惠瞳（2015）也得到了类似的结论。

3. 并购绩效其他影响因素

在公司治理方面，研究发现公司治理对并购绩效有重要影响。从公司股东角度来看，Wang 和 Xie（2009）发现并购公司的股东权利相对于目标公司越强，并购产生的协同效应越大；并购双方会分享并购收益，表现在双方的回报都显著为正。针对我国股权高度集中的背景，研究发现控股股东具有“支持”和“掏空”双重动机，并对并购绩效产生截然相反的影响（李增泉等，2005；陈涛等，2013；陈玉罡等，2013）。针对这种问题，相关学者研究发现股权制衡有助于抑制控股股东“掏空”动机对并购绩效造成的不利影响（刘星和蒋弘，2012；蒋弘和刘星，2012）。从董事会角度来看，董事会具有监督职能，尤其是其中的独立董事和声誉更高的外部董事能够抑制因管理层过度自信而进行的非效率并购，有效发挥监督作用，从而提高并购绩效（Kolasinski 和 Li，2013），但却缺乏有力证据证明这种监督作用一定能够带来积极的影响（Paul，2007）。为解释这种现象，学者们从资源基础理论视角出发，他们认为董事会除具有监督职能外，还具有咨询职能。在面对并购决策此类复杂问题时，外部董事尤其是在其他企业兼任 CEO 或者外部独立董事具有的知识和经验能够为企业提供更切实的咨询帮助，从而提高企业并购绩效（McDonald 等，2008；Faleye 等，2011；Masulis 和 Mobbs，2011）。此后，学者们进一步基于高阶理论从人口统计特征考察了董事会咨询职能对企业并购绩效的影响（Huang 等，2014；刘春等，2015；邓伟等，2018；孙甲奎和肖星，2019；何任和邵帅，2019；王爱群，2021；曹福刚，2021）。从管理层角度来看，现有研究关于管理层对企业并购绩效的影响主要从以下四个方面展开：第一，基于委托代理理论认为高管是完全理性的，他们可能会为了满足自身有关薪酬、在职消费以及商业帝国构建等私人利益而盲目进行一些低效率的并购活动（Conyon，1994；李善民等，2009；Fu 等，2013）。第二，基于高阶理论认为高管是有限理性的，他们在进行并购决策时往往受到自身认知和价值观的限制，但是通常这些指标很难量化，因此学者们多从人口统计特征如性别、年龄以及个人成长经历等角度侧面考察高管有限理性对企业并购活动的影响（Jenter 和 Lewellen，2015；陈仕华等，2015；曾春影等，2019；余鹏冀等，2020；曾宪聚等，2020；周中胜等，2020）。第三，基于行为金融理论考察管理层过度自信对企业并购活动的影响。研究发现管理层可能因过度自信而高估标的方的资产价值以及并购后所能产生的协同效应而盲目进行一些低效率的并购活动，从而导致并购方为并购支付过高的成本，降低了并购绩效（Malmendier 和 Tate，2005；宋淑琴和代淑江，2015）。第四，基于社会网络学视角考察高管社会关系网络如高管政治关系、老乡关系、校友关系以及管理层与董事会成员的社会关联等对企业并购活动的影响（潘红波，2008；Schmidt，2015；张洽和袁天荣，2020）。从其他利益相关者如机构投资者的角度来看，相关学者研究发现机构投资者持股对企业的并购绩效也会产生影响，但相关研究结论却不一致。其中，比较主流的观点认为，作为积极监督者，机构投资者能够积极参与公司治理，从而对被投资企业并购绩效产生积极影响（Chen 等，2007；Njah 和 Jarboui，2013；尚航标等，2017；周绍妮等，2017；王治皓等，2020）。相反地，另一种观点则认为机构投资者也可能会为了自身利益，通过并购重组等交易方式与大股东或者管理层合谋侵占中小股东的利益，从而对企业并购业绩产生不良影响（Agrawal 等，1996）。此外，还有一种比较中立的观点认为机构投资者可能考虑到公司治理成本过高而不愿积极参与公司治理，有效发挥监督作用，因此其在企业的并购重组活动中也不能起到积极效果（Black，1990）。近年来，有学者也关注到了风险投资对企业并购绩效的影响。李曜和宋贺（2017）研究发现风险投资的监督治理功能能够在企业并购中发挥积极作用，从而显著提升了被投资企业的长短期并购绩效。随后，李善民等（2019）研究发现异地风投能够在企业异地并购活动中发挥咨询职能，从而提高被投资企业的异地并购绩效。

在公司特征方面，研究发现当收购方拥有高增长机会从而股票流动性提升和股价较高时往往实施并购，且并购能为主并公司带来正的财富效应（陈玉罡和李善民，2007；Savor 和 Lu，2009；Almeida 等，2011；陈涛和李善民，2011）。Hoberg 和 Phillips（2010）发现并购交易更有可能发生在拥有类似产品的企业之间，且并购能为并购方带来正的股票回报。Garfinkel 和 Hankins（2011）发现现金流不确定性的增加促使公司进行垂直整合，而垂直整合可以对冲公司的经营风险，减少了成本增加的不确定性，从而提高了并购绩效。此外，针对我国发生的并购事件还发现，规模效应、资产专用性、成长能力与盈利能力之间的不平衡程度等也是影响并购可能性及其绩效的重要因素（陈玉罡和李善民，2007；万丛颖和郭进，2009；杨艳等，2014；李善民等，2015；徐虹等，2015）。

在经济环境方面，研究发现经济政策的不确定性对并购绩效有显著影响。基于等待期权假说认为，经济政策不确定性程度的提高可能抑制企业并购发生的可能性。但在企业并购后，其并购绩效更佳（Nguyen 和 Phan，2017；Bonaime 等，2018）。基于柠檬市场假说认为，经济政策不确定性程度的提高也可能加剧并购方与投资者之间的信息不对称，致使投资者低估并购收益，抑制企业并购发生的可能性。在企业并购后，其并购绩效也更低（黄灿等，2020）。此外，产业周期以及资本市场定价效率也会影响企业的并购绩效（刘笑萍等，2009；李善民等，2020）。

在政治环境方面，基于中国制度环境，张新（2003）提出了“体制因素下的价值转移与再分配”观点。政府是影响公司并购的重要因素，地方政府会出于其自身政策性负担和政绩方面的考虑，对上市公司并购形成“支持”或“掏空”效应，从而对并购的长短期绩效的影响表现有正有负（李增泉等，2005；潘红波等，2008；邓建平等，2011；刘星和吴雪姣，2011；李善民等，2013）。此外，政治风险是影响企业跨国并购的重要因素（袁其刚和郜晨，2019），当制度差异较大时，可为并购双方提供优势互补的机会，使得并购收益大于并购成本并缩短并购时间（刘勰和孟勇，2019）。

在文化环境方面，文化作为正式制度的重要补充，其对企业的并购绩效也会产生影响。研究发现文化差异一方面可能增加并购的整合成本，从而降低并购绩效，即支持成本效应假说。另一方面，文化差异也有可能在并购双方之间发挥学习效应，从而提高企业的并购绩效，即支持学习效应假说（蔡宁，2019；王陈豪等，2020）。在跨国并购中，并购双方所在国的文化差异越大，并购双方的学习效应表现越明显，跨国并购的绩效表现越好（Morosini 等，1998）。此外，企业受到中国传统文化——儒家文化的熏陶越深，其绿色发展意识、社会责任意识以及环境自律意识就越强，其越可能进行绿色并购，并购后的环保效益和经济效益也越好（潘爱玲等，2021）。

在法律方面，研究发现良好的投资者保护有利于跨境并购行为（Rossi 和 Volpin，2004；Bris 和 Cabolis，2008），目标方所在国的投资者保护程度越高，并购完成后，并购方公司治理水平提升的越多，得益于公司治理传递的外溢效应和拔靴效应，并购方所获得的并购收益也越高（Bris 和 cabolis，2002；Chari 等，2004；赵海龙等，2016；唐建新和王珏玮，2016）。同样地，在境内并购中，唐建新和王珏玮（2010）发现在异地并购中，目标方所在地的投资者保护程度越高，地区投资者保护带来的并购协同效应也越高，并购方的并购收益也越高。

第三节 文献述评

从目前来看，有关风险投资和企业并购的研究受到了国内外学者的广泛关注，并取得了丰硕的研究成果。总体而言，风险投资的增值效应得到了国内外学者们的普遍认可。作为积极的机构投资者，风险投资对被投资企业的公司治理、公司战略、创新活动、生产与销售活动、投融资活动等多个方面发挥着积极作用。针对并购的研究也大大深化了我们对多元化并购、并购支付方式、并购商誉和并购绩效的理解。尽管现有研究已经取得了丰富的成果，但仍然存在一些不足和值得深入探讨的问题。

（1）关于风险投资对企业并购决策方面的研究关注不足。

关于风险投资对企业并购决策的影响，学者们重点关注了风险投资对被投资企业异地并购的影响。但企业并购决策是一个复杂的系统工程，除了异地并购外，还涉及其他多项并购决策。随着我国并购市场日渐活跃以及风险投资的积极介入，我们有必要关注风险投资对企业并购决策其他方面是否能够产生影响。

（2）缺乏风险投资对企业并购商誉的影响研究。

现有研究关于风险投资对企业并购经济后果的研究主要集中在风险投资对企业并购绩效的影响上，尚未有人关注到风险投资对企业并购商誉这一隐性经济后果的影响。当前，在并购浪潮的推动下，A 股商誉资产规模不断扩大，商誉泡沫堆积，商誉减值的风险敞口也随之不断增大，给正常市场秩序以及上市公司未来经营埋下了巨大的隐患。因此，探究并购商誉的影响因素对于有效抑制并购商誉泡沫，防范化解金融风险具有重要意义。本书将风险投资作为并购商誉的影响因素进行考察，不仅丰富了并购商誉影响因素的研究文献，而且拓展了风险投资对企业并购战略经济后果影响的研究文献。

（3）缺乏风险投资对企业并购决策与并购经济后果的系统性研究。

企业的并购决策蕴含着并购动因，又直接导致了并购经济后果。现有研究重点关注了风险投资对企业异地并购的影响以及风险投资对企业并购绩效的影响，本书尝试将风险投资、并购决策及并购经济后果三者纳入一个分析框架进行系统性研究不仅拓展了风险投资对企业并购影响的研究深度，而且还能够帮助我们进一步厘清风险投资在公司并购活动过程中是如何发挥作用的。

第二章　制度背景与理论基础

第一节　制度背景

一、中国风险投资发展历程

风险投资（Venture capital）又称创业投资，它起源于美国，从风险投资的概念传入中国至今已有30多年的历史。像美国一样，我国风险投资行业也是在政府主导下发展起来的。1985年3月，中共中央出台了《关于科学技术体制改革的决定》，决定中提到对于变化迅速、风险较大的高技术开发工作，可以设立风险投资给予支持。这是我国第一次在国家级政策层面上对风险投资给予了依据和保障。随后，大量政府背景的风险投资诞生。但是，由于当时的中国资本市场尚处于起步阶段，国外已然成熟的IPO和并购退出方式在中国资本市场中并不适用，这批政府背景的风险投资缺乏退出渠道。因此，为了生存，他们不得不将投资方向转向成熟企业和行业，尽管如此，最终还是以失败告终。现在看来，虽然这些风险投资失败了，但是早期的这些尝试依然是有价值的，它让中国开始了解并认识风险投资。直至1992年，第一家外资风险投资——IDG资本进驻中国，中国风险投资才开始真正意义上地进入萌芽期。依据清科研究中心发布的《2020年中国股权投资市场与展望》对中国风险投资行业发展历程的划分，我们将1992~2008年划分为风险投资发展的萌芽期，2009~2014年划分为风险投资发展的起步期，2015年至今划分为风险投资发展的发展期，各个时期的发展概况如图2-1所示。

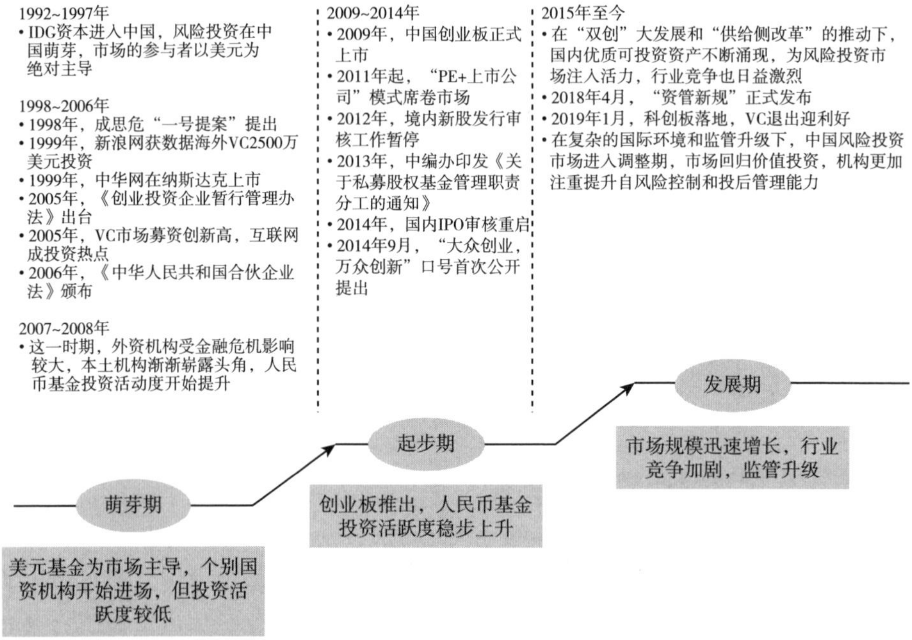

图 2-1　中国风险投资发展历程

资料来源：清科研究中心。

（一）萌芽期（1992~2008 年）

从 1992 年 IDG 资本进驻中国至 1998 年，中国风险投资市场的参与者主要由外资基金主导，中国本土风险投资市场几乎处于停滞状态，整体市场低迷。直至 1998 年，成思危先生“一号提案”的提出才让中国风险投资人重新燃起了希望。在确立了风险投资在中国经济中的发展作用之后，成思危先生进一步提出创业板“三步走”的发展思路，之后创业板快速推进，一时间各方资本不断涌入市场，本土风险投资也顺势而起。2002 年《中国创业投资发展报告》显示，1999 年我国新增风险投资 40 家，2000 年我国新增风险投资 102 家，增速空前。然而，2000 年美国互联网泡沫不期而至，并由此直接导致了中国创业板的搁浅，势头正盛的中国风险投资市场受到重创，中国风险投资市场进入寒冬。直至 2003 年，风险投资行业才开始逐渐回暖，以老虎基金为代表的外资风险投资再度进入中国市场。2004 年，中国风险投资行业持续回暖，投资金额首次突破10亿元人民币大关，同时越来越多的外资风险投资看好中国市场，纷纷在中国设立分部，如凯雷、NEA等。然而，不同于外资风险投资，我国本土风险投资仍然在寒冬中艰难前行。直到2005年4月，《关于上市公司股权分置改革试点有关问题的通知》的发布才让一直处在低谷中的本土风险投资看到了曙光。2006年，《中华人民共和国合伙企业法》的颁布进一步促进了行业的发展。对本土风险投资而言，2006年也是值得纪念的一年，在这一年，同洲电子在深圳中小板市场上市，这使得中国本土风险投资首次在资本市场上获得IPO退出。2007年《合伙企业法》正式实施，这推动了风险投资行业进一步发展。但是，到了2008年，金融海啸席卷全球，外资风险投资遇冷，本土风险投资则在中国国民经济稳步增长的经济环境下趁机悄然崛起。图2-2列示了1992~2008年中国风险投资市场投资活跃度概况。

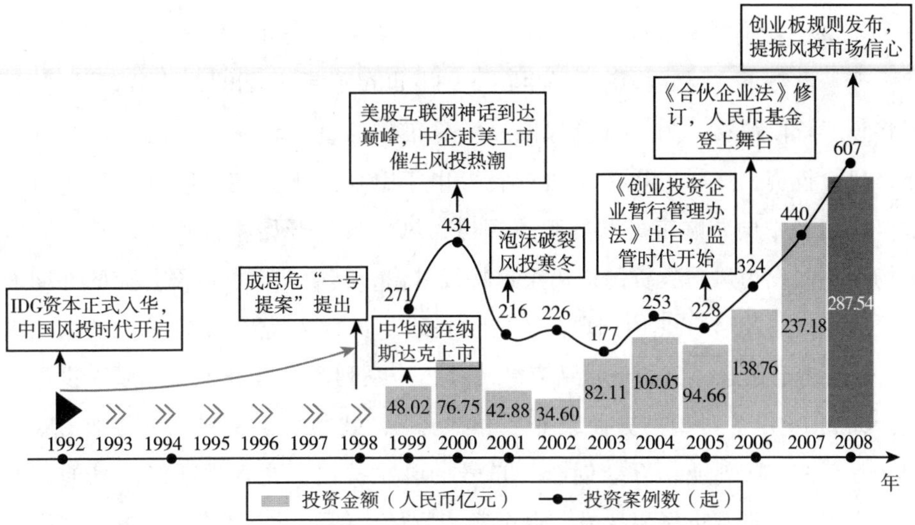

图2-2　1992~2008年中国风险投资市场投资活跃度

资料来源：清科研究中心。

（二）起步期（2009~2014年）

随着2009年创业板的开板，中国风险投资行业发展步入起步期。2009年，外资风险投资和本土风险投资的发展局面可谓冰火两重天。外资风险投资由于受2008年全球金融危机的影响，募、投、退均受到重创，一直徘徊在低谷。而中国本土风险投资得益于创业板开板带来的资本退出渠道，在这一时期强势崛起。到了2010年，创业板利好持续升温，国内IPO企业数量达到顶峰，同时中国赴美上市的企业也达到顶峰。此外，保监会发布《保险资金投资股权暂行办法》，允许保险资金从事股权投资业务，拓宽了风险投资的募资渠道，风险投资市场一片火热。2011年，Pre－IPO的风险投资更是达到历史顶峰。此外，在2009年之前，外资风险投资是市场的主导者，其占投资总额的比重高达70%以上，最高甚至超过了90%。而到了2011年，本土风险投资已经成为市场的主要力量。而正当风险投资市场一派繁荣景象之时，2011年11月，美国证券交易委员会发布的借壳上市新规阻断了中概念股美国上市的捷径，再加之中国二级市场持续低迷，到了2012年，中国风险投资行业步入严冬。与2011年相比，2012年风险投资募集资金金额缩水了70%，投资资金下降了42%，IPO退出数量下降了5%，平均回报率只有4.38，创历史新低。在此等严峻形势下，风险投资为了生存下去，也在不断探索出路，一部分风险投资将投资阶段前移，另一部分风险投资将工作的重心转向了并购。到了2013年，风险投资仍然在困境中艰难前行。由于IPO退出渠道受阻（2013年IPO暂停）以及中国并购市场利好政策频出，风险投资开始将投资方向转向并购市场，并购作为风险投资的退出渠道持续升温，其中尤以互联网行业的并购表现最为突出。2014年是中国风险投资发展的“黄金年代”，史上最长的第八次IPO暂停终于在这一年的1月结束。此外，一系列政策红利也涌向风险投资行业。如2014年5月，国务院发布“国九条”，鼓励大力发展私募行业。2014年9月，“大众创业，万众创新”口号的首次提出。在多重利好消息的刺激下，中国风险投资市场募、投、退金额和数量均创下历史新高。此外，值得一提的是，这一时期VC2.0时代开启，主要表现为明星投资人自立门户以及机构投资人与企业创始人合伙组建风险投资基金，如达晨创投合伙人傅哲宽另立门户成立启赋资本以及高榕资本的成立。同时，公司风险投资（CVC）开始入场，尤其从2013年开始CVC投资大幅攀升，2013年CVC投资达到了228起，这一数额几乎是2012年的两倍。

（三）发展期（2015 年至今）

2015～2017 年是风险投资行业快速发展的时期。其中，2015 年上半年中国股市一片火热，沪市指数从 2000 多点一路高歌猛进涨到了 5000 多点，掀起了全民炒股的热潮。这股热潮也在风险投资行业持续发酵。CVSource 投中数据显示，单 2015 年上半年，风险投资募集的资金总额高达 2274.48 亿元人民币，募集的基金数量高达 732 只，平均每支基金管理的资金超过 3 亿元人民币。然而，到了下半年，随着股市的崩盘，风险投资市场热度也随之消散，风险投资人回归理性，投资决策也变得谨慎起来。CVSource 投中数据显示，2015 年下半年，风险投资募集的基金数量直接腰斩，仅有 362 只，募集的资金总额也远低于上半年。但是整体来看，2015 年作为“双创”政策落地的元年，在政策利好刺激下，市场上资金流动性充裕，我国风险投资行业募资和投资总额和数量较 2014 年仍有较大幅度提升。2016 年，随着“双创”发展战略的不断深化，中国经济形势越来越好，这为风险投资的发展带来了很多机遇。同时，在政策层面上，国务院发布《国务院关于促进创业投资持续健康发展的若干意见》（以下简称“国十条”）以及关于建立“双创”示范基地的实施意见等政策支持风险投资行业的发展。在市场环境以及政策双重利好助力下，2016 年风险投资行业募资和投资总额和数量大幅攀升。紧接着 2017 年国家又陆续出台创新创业公司债（双创债）以及税收优惠和减免等政策支持风险投资行业发展。在这些利好政策的推动下，2017 年风险投资行业募资和投资总额和数量创历史新高。但是，国家在给予风险投资行业政策支持的同时，也逐渐加强了对风险投资行业的监管，引导行业健康有序发展。如 2016 年颁布的《关于进一步规范私募基金管理人登记若干事项的公告》和 2017 年发布的《私募股权基金管理暂行条例（征求意见稿）》。到了 2018 年，为了防范化解金融风险，资管新规落地。随着资管新规的落地，银行的融资渠道被大幅切断，风险投资尤其是众多中小风险投资开始面临募资难的问题，使得当年募集完成基金规模和数量大幅缩水，中国风险投资行业全面回调。2019 年以来，受监管趋严以及疫情的双重影响，原本就处在资本寒冬中的风险投资行业更是雪上加霜，募集基金数量和规模再度下滑，中国风险投资行业进入调整期。整体而言，目前我国风险投资行业仍处于初级发展阶段。

二、中国风险投资发展现状

（一）募资现状

2020 年，在基金监管趋严以及疫情的双重不利影响下，风险投资市场募集资金的局势更加艰难。从新募基金金额和数量来看，清科研究中心数据显示，2020 年风险投资新募基金金额为 11972.14 亿元人民币，较上年下降了 3.8%；新募基金数量为 3478 只，较上年增加了 28.3%。从 2020 年各季度数据来看，由于下半年中国疫情防控得当，2020 年第三四季度新募基金金额和数量强势反弹，逐渐恢复到正常水平。图 2-3 列示了 2002～2020 年中国风险投资市场新募基金金额和数量概况。从图中可知，整体来看，在萌芽期，中国风险投资市场新募基金金额和数量整体为上升趋势，尤其是 2005 年后，随着股权分置改革以及《中华人民共和国合伙企业法》的颁布，新募基金金额和数量快速攀升。在起步期，中国风险投资市场新募基金金额和数量在震荡中保持上升趋势。2008 年后，由于受金融危机的影响，募资市场遇冷，新募基金金额和数量随之下降。之后随着创业板开板，本土风险投资崛起，2009～2011 年，风险投资新募基金金额和数量再度回升。2011 年 11 月，美国证券交易委员会发布的借壳上市新规阻断了中概念股美国上市的捷径，再加之中国 IPO 市场按下暂停键，2012～2013 年，中国风险投资陷入募资难的困境中，其新募基金金额和数量大幅缩水。2014 年 IPO 重启加之创新创业等利好政策的激励，各方资本不断涌入市场，风险投资新募基金金额和数量快速上涨。进入发展期，在 2015～2017 年，由于受到创新创业政策的影响，各方资金不断流入市场，中国风险投资市场新募基金金额和数量快速上涨，2017 年更是创下新高。2018 年至今，在资管新规的影响下，中国风险投资市场也笼罩在阴霾之下，新募基金金额和数量双双呈现下滑趋势。

从外资风险投资和本土风险投资募资力量对比来看，清科研究中心数据显示，2020 年本土风险投资新募基金金额占全部新募基金金额的比重高达 82%，而外资风险投资占比仅有 18%；本土风险投资新募基金数量占全部新募基金数量的比重高达 94%，而外资风险投资比重占比 6%。说明经过 20 多年的发展，本土风险投资强势崛起，无论是在金额还是在数量上均占有绝对优势。从

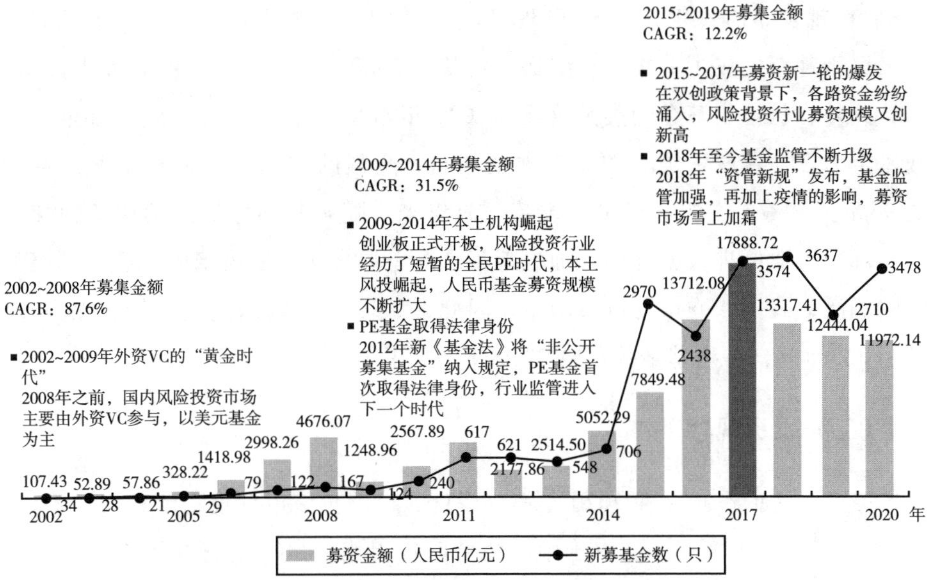

图 2-3 2002~2020 年中国风险投资新募基金金额和数量

资料来源：清科研究中心。

中国风险投资的发展历程来看，在萌芽期，外资风险投资新募基金无论是在金额还是在数量上均占有绝对优势，尤其是在 2007 年，外资风险投资新募基金金额占全部新募基金金额的比重高达 89%，而本土风险投资占比仅有 11%；外资风险投资新募基金数量占全部新募基金数量的比重高达 65%，而本土风险投资占比 35%。随着金融危机的到来以及创业板的开板，这种局面开始转变。在起步期，本土风险投资新募基金金额和数量已经超过外资风险投资，其新募基金金额占比 70% 左右，新募基金数量占比 85% 左右。进入发展期，本土风险投资新募基金金额和数量已占有绝对优势，其新募基金金额占比 85% 左右，新募基金数量占比 95% 左右。

从募集资金币种来看，尽管目前国际形势复杂多变，但是国外资本大多看好中国市场，投资的积极性较高。清科研究中心数据显示，2020 年募集完成的外币基金共有 66 只，较 2019 年大约上涨了 22.2%，涉及的金额有 1885.85 亿元人民币，较 2019 年大约上涨了 28.5%。与外币基金募资情况不同，由于受到资管新规的影响，人民币基金募资难的问题依旧没有改变，2020 年人民币基金募资金额为 10086.30 亿元人民币，较 2019 年下降了 8.1%，较 2017 年

（资管新规发布前一年）下降了 39.76%。但是，尽管形势严峻，仍有几只大额人民币基金完成了募集，如中保投资基金 2020 年募集资金 450 亿元人民币。

此外，从募集基金的类型来看，2020 年新募基金类型仍以成长基金和创业基金为主，这两种类型的基金占全部基金金额的 80.2%，占全部基金数量的 94%。值得关注的一点是，改革开放以来，随着我国经济持续健康快速发展，部分行业已进入整合期，加之近年来国企混合所有制改革以及产业升级战略的刺激，我国并购市场机会增多。因此，2020 年并购基金金额较 2019 年增加了 355.4%，并购基金数量较 2019 年增加了 85.7%。

（二）投资现状

受到疫情的影响，在 2020 年第一季度，风险投资市场投资活动停滞不前。从 2020 年第二季度开始，由于中国疫情防控得当，风险投资开始逐步开展投资活动，因此投资活动的完成也主要集中在下半年。清科研究中心数据显示，2020 年全年风险投资金额为 8871.49 亿元人民币，较上年同期上升了 16.3%；投资案例数为 7559 起，较上年同期下降了 8.2%。图 2－4 列示了 1999～2020 年中国风险投资市场投资金额和案例数概况。从图中可知，整体来看，风险投资市场的投资情况和募资情况比较相似，毕竟募资规模和数量将直接影响投资规模和案例数。具体地，在萌芽期，中国风险投资市场投资金额和案例数相对较少，尽管各年有所起伏，但变化不大。在起步期，中国风险投资市场投资金额和案例数呈现先上升后下降再上升的趋势。2009 年，随着创业板的开闸，风险投资获得退出渠道，其投资活跃度开始提升。数据显示，2011 年投资金额和投资案例数达到历史新高。2012 年由于受到 IPO 暂停的影响，其投资热度明显下滑。直到 2014 年，受 IPO 重启加之创新创业等多重利好政策的激励，其投资热度再度高涨。数据显示，2014 年风险投资投资金额为 4376.74 亿元人民币，投资案例数为 3626 起，创历史新高。进入发展期，在 2015～2017 年，由于受到创新创业政策的影响，各方资金不断流入市场，中国风险投资市场投资金额和投资案例数快速上涨，2017 年更是创下历史新高。2018～2019 年，在资管新规以及疫情的影响下，中国风险投资市场也笼罩在阴霾之下，投资金额和投资案例数呈现下滑趋势。在 2020 年，由于受到科创板和注册制双重利好的影响，其投资金额和投资案例数回暖。

从投资行业来看，2020 年中国风险投资市场投资行业主要集中在 IT、生物技术/医疗健康、互联网以及半导体及电子设备等行业。从整个风险投资发展历程来看，在萌芽期，风险投资的投资热点较为单一，主要集中在 IT 行业，但那时的 IT 指的是广义 IT，包括现在的 IT、互联网、半导体和电子设备等行业。步入起步期，尤其是在证监会对创业板市场进行定位后，风险投资重点关注了电子信息、生物医药、新能源、新材料、环保节能、现代服务业等领域的投资，其投资行业也更加多样化。到了发展期，2015 ~ 2017 年，随着移动互联网快速崛起，2017 年风险投资更是创下了投资金额和数量的历史高峰。但随着流量红利的耗尽以及外部监管环境的趋严，市场热点发生了变化。尤其是 2019 年以来，随着科创板和注册制的落地以及新冠疫情的影响，生物医药、新一代信息技术以及高端装备制造等领域受到政府大力支持，风险投资的投资热点也转向了这些行业。此外，在整个发展历程中，风险投资在 IT 行业与互联网行业的投资热度交替增长，相互促进；随着国内造“芯”热潮的兴起，其在半导体及电子设备行业的投资热度再度回归；对清洁技术的投资随着市场的饱和，其投资热度不断下降；而生物技术/医疗健康行业是风险投资始终关注的投资领域。

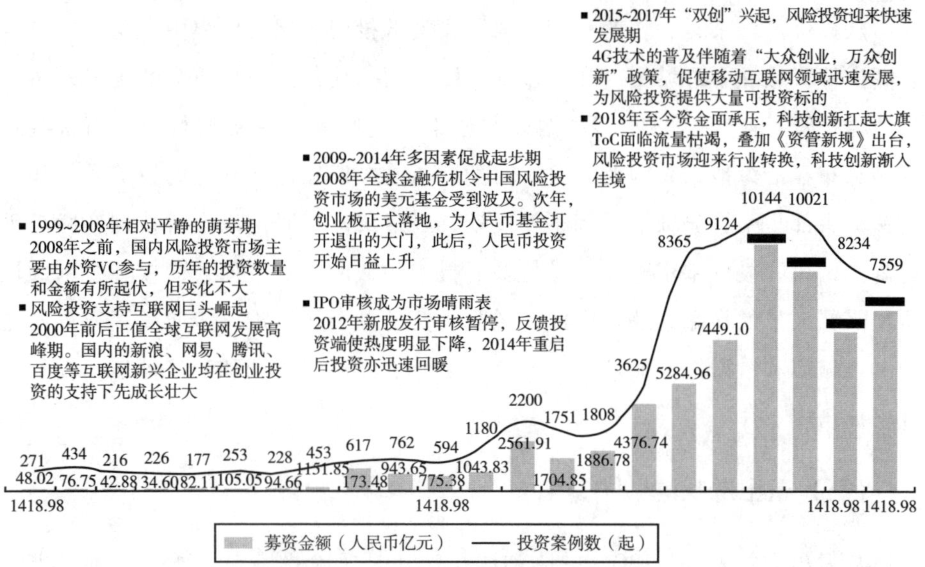

图 2-4　1999 ~ 2020 年中国风险投资投资金额和案例数

资料来源：清科研究中心。

从投资行业来看，2020 年中国风险投资市场投资行业主要集中在 IT、生物技术/医疗健康、互联网以及半导体及电子设备等行业。从整个风险投资发展历程来看，在萌芽期，风险投资的投资热点较为单一，主要集中在 IT 行业，但那时的 IT 指的是广义 IT，包括现在的 IT、互联网、半导体和电子设备等行业。步入起步期，尤其是在证监会对创业板市场进行定位后，风险投资重点关注了电子信息、生物医药、新能源、新材料、环保节能、现代服务业等领域的投资，其投资行业也更加多样化。到了发展期，在 2015～2017 年，随着移动互联网快速崛起，2017 年风险投资更是创下了投资金额和数量的历史高峰。但随着流量红利的耗尽以及外部监管环境的趋严，市场热点发生了变化。尤其是 2019 年以来，随着科创板和注册制的落地以及新冠疫情的影响，生物医药、新一代信息技术以及高端装备制造等领域受到政府大力支持，风险投资的投资热点也转向了这些行业。此外，在整个发展历程中，风险投资在 IT 行业与互联网行业的投资热度交替增长，相互促进；随着国内造“芯”热潮的兴起，其在半导体及电子设备行业的投资热度再度回归；对清洁技术的投资随着市场的饱和，其投资热度不断下降；而生物技术/医疗健康行业是风险投资始终关注的投资领域。

从投资区域来看，在萌芽期，风险投资的投资区域主要集中在北京、陕西和湖南等区域性中心城市。在起步期，随着新一代信息技术革命的爆发，风险投资将投资行业转向 IT、互联网以及通讯等这些人才密集型行业，而这些行业多分布在沿海地区。因此，这一时期，风险投资在沿海地区的投资发展势头迅速，头部集中趋势渐显。到了发展期，经过移动互联网以及科技创新两轮创业高潮，风险投资基本确立了支持核心技术领域的投资方向，而核心技术领域研发需要大量的高端人才。因此，风险投资的投资区域进一步向高等教育发达的一线城市和沿海地区倾斜，如北京、上海、江苏、深圳和浙江等地，投资区域格局已定。

（三）退出现状

从退出方式来看，IPO、并购和股权转让是风险投资最主要的三种退出方式。虽然，2020 年受资管新规以及疫情的不利影响，风险投资市场投资活跃度有所下降，但是随着大量基金进入退出期以及创业板注册制落地拓宽退出渠道，风险投资的退出数量较2019年仍有较大幅度提升。清科研究中心数据显示，2020年，风险投资市场共实现退出3842笔，较2019年增长了30.28%，几乎是2006年的26倍。其中，通过IPO退出的有2434笔，占比63.27%；通过并购退出的有306笔，占比7.96%；通过股权转让退出的有661笔，占比17.20%，这三种主要的退出方式合计占比超过了88%。从整体退出情况来看，2006~2020年风险投资每年退出笔数呈波动上升趋势，年均复合增长率保持在26.3%左右，尤其是2015年，当年退出笔数高达1848笔，退出笔数首次破千，且较2014年增长了122.65%。在2012年及以前，风险投资主要通过IPO退出，通过IPO退出的案例数均达到50%以上。2013年IPO按下暂停键，风险投资通过IPO退出的案例数量大幅降低，而通过并购和股权转让等方式的退出数量随之上升。随着IPO重启以及创新创业等利好政策的激励，2014年起风险投资通过IPO退出的案例数量有所回升。数据显示，2014~2018年风险投资通过IPO退出的数量占比在20%~40%浮动。2019年科创板开板以及2020年创业板注册制的落地引发IPO热潮，大批风险投资得以通过IPO退出。与此同时，由于市场流动性紧缩，并购和股权转让退出案例数量小幅回落，正反两方面的原因使得IPO退出方式占比再次超过50%。

从退出行业来看，IT、互联网、生物技术/医疗健康、半导体及电子设备以及机械制造为近十年以来退出数量最高的五大行业，其合计退出数量高达9673笔，占比高达50%以上。其中，生物技术/医疗健康退出数量涨幅最大，2020年退出数量较2010年增长了17倍。2019年以来，得益于科创板市场对硬科技企业的青睐，风险投资在IT、生物技术/医疗健康、机械制造以及半导体及电子设备行业的退出数量呈上升趋势。

三、中国企业并购市场发展现状

普华永道（2020）数据显示，整体来看，2020年全球并购交易金额和数量较2019年小幅回落。其中，中国并购交易金额和数量占全球并购交易金额和数量的比重大约为15%，其在全球并购市场中占据举足轻重的地位。图2-5列示了2014~2020年中国企业并购交易金额和数量概况。从图中分析可知，

2020年中国企业并购交易金额高达7338亿美元，是自2016年以来的最高水平，较上年增长了大约30%；并购交易数量高达10551笔，较上年增长了大约11%。2020年并购交易金额和数量的增长主要得益于创业板注册制的落地以及RCEP正式签约带动了市场的持续繁荣。此外，2020年并购交易规模超10亿美元的并购完成的交易有33笔，并购交易规模超1亿美元的并购完成的交易活动有368笔，单国家管网收购中国石化这一笔并购交易活动的规模就高达69.18亿美元。

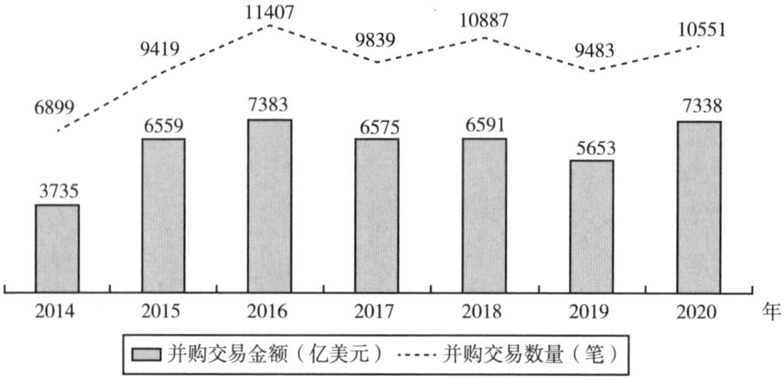

图2-5　2014~2020年中国企业并购交易金额和数量

资料来源：由作者整理普华永道编制的2014~2020年中国企业并购市场回顾与前瞻数据绘制而成。

从中国企业并购地域分布来看，CVSource投中数据显示，2020年并购完成案例数量排名前三的省市分别是广东省、江苏省和浙江省。其中，广东省排名第一，其并购完成案例数量占全年并购完成案例数量的21.7%。并购完成交易规模排名前三的省市分别为北京市、广东省和浙江省。其中，北京市排名第一，其并购完成交易规模高达388.40亿元，远超排名第二的广东省的并购完成交易规模。

从中国企业并购行业分布来看，CVSource投中数据显示，2020年并购完成案例数量排名前三的行业分别是制造业、医疗健康和金融行业。其中，制造业排名第一，其当年并购完成案例数量为764起，占全年并购完成案例数量的22.9%。并购完成交易规模排名前三的行业分别为制造业、能源及矿业和金融行业。其中，制造业排名仍为第一，其并购完成交易规模高达509.29亿美元，占全年并购完成交易规模的20.9%。紧随其后的为能源及矿业，其并购完成交易规模约为 344.58 亿美元，占全年并购完成交易规模的 14.3%。最后为金融行业，其并购完成交易规模约为 168.18 亿美元，占全年并购完成交易规模的 10%。

从中国企业并购交易目的来看，WIND 数据库列示的中国企业并购目的类型高达 17 种，其中，主要的并购目的类型有多元化战略、资产整合、横向整合和战略合作四种。WIND 数据显示，2020 年中国企业并购目的交易金额排名第一的为多元化战略并购目的，其并购交易金额高达 34373.38 亿元人民币，占比 40.11%，较 2019 年增加了 62.52%。从 2014 ~ 2020 年整体来看，除了 2018 年多元化战略目的并购交易金额略有下降外，其余各年较上年均有所增加，尤其是最近这两年，多元化战略目的并购交易金额大幅上升。并购目的交易金额排名第二的为横向整合，其并购交易金额为 34206.76 亿元人民币，占比 39.92%，略低于多元化战略目的并购交易金额，较上年增加了 412.80%。从 2014 ~ 2020 年整体来看，2014 ~ 2017 年横向整合目的并购交易金额呈逐年递增的趋势，其在 2018 年和 2019 年均有较大幅度下降，每年下降了 48% 左右，至 2020 年又大幅反弹。并购目的交易金额排名第三的为资产调整，其并购交易金额为 6945.78 亿元人民币，占比 8.11%，较上年增加了 63.22%。紧随其后的是战略合作，其并购交易金额为 3479.54 亿元人民币，占比 4.06%，较上年减少了 26.79%。其他目的的并购交易金额较低，远低于上述四种，不再一一列示。2020 年中国企业并购目的交易数量排名前四的依次是横向整合、资产调整、多元化战略和战略合作，占比依次是 19.6%、18.5%、14.3% 和 7.6%，总计大约 60%。从 2020 年中国企业并购目的交易金额和交易数量的分布看，并购目的交易金额比较集中，交易数量相对比较分散。其中多元化并购和横向整合两项并购交易金额占比高达 80%，而并购交易数量仅占 33.9%。

从中国企业并购支付方式来看，WIND 数据库列示的中国企业并购支付方式类型高达 33 种，其中，主要的并购支付方式类型为现金、股权以及股权和现金三种支付方式。WIND 数据显示，2020 年中国企业并购支付方式交易金额排名第一的为现金支付方式，其并购交易金额高达 66191.63 亿元人民币，占比 77.31%，较 2019 年增加了 99.72%。从 2014 ~ 2020 年整体趋势来看，2014 ~ 2017 年，现金支付方式并购交易金额稳步上升，2018 年出现较大幅度下降，之后又恢复上升态势。并购支付方式交易金额排名第二的为股权和现金混合支付方式，其并购交易金额为10698.57亿元人民币，占比12.49%，较2019年增加了119.8%。从2014～2020年整体趋势来看，2014～2016年，股权和现金混合支付方式并购交易金额稳步上升，2017～2018年均下降，2019～2020年又恢复上升。紧随其后的为股权支付方式，其并购交易金额为6685.12亿元人民币，占比7.81%，较2019年增加了117.74%。从2014～2020年整体趋势来看，此种支付方式在2017年和2019年出现下滑，其余年份并购交易金额均是上升的态势。剩余类型并购支付方式交易金额合计仅为2048.33亿元人民币，占比仅2.39%。2020年中国企业并购支付方式交易数量排名第一的是现金支付方式，其并购交易数量为6584笔，占比92.29%。紧随其后的依次为股权支付方式、股权和现金混合支付方式。此外，平均来看，2014～2020年，现金支付方式并购交易金额占比高达70%以上，现金支付方式交易数量占比高达90%以上。由此可见，尽管我国企业并购支付方式类型众多，但目前来看，现金支付方式无论在金额还是数量上均占有绝对优势。

四、风险投资参与企业并购情况分析

图2-6列示了2014～2020年风险投资参与企业并购交易金额和数量概况。从风险投资参与企业并购交易金额和数量的绝对数指标来看，2020年，风险投资参与企业并购交易金额高达3352亿美元，较2019年增加了58.56%；风险投资参与企业并购交易数量高达5438笔，较2019年增加了31.54%，并购交易金额和数量均创历史新高。这主要是由于政策红利加之市场对资本和流动性的需求推动风险投资并购交易金额和数量创历史新高。从2014～2020年风险投资参与企业并购交易金额和数量绝对数指标的趋势来看，风险投资参与企业并购交易金额和数量的趋势基本是同步的，除了2017年和2019年，风险投资参与企业并购交易金额和数量出现回调外，其余各年均是上升的。

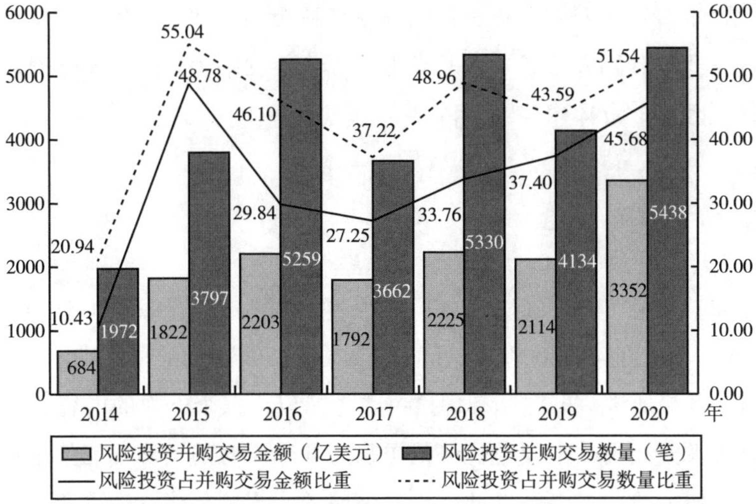

图 2-6　2014~2020 年风险投资参与企业并购交易金额和数量

资料来源：由作者整理普华永道编制的 2014~2020 年中国企业并购市场回顾与前瞻数据绘制而成。

从风险投资参与企业并购交易金额和数量的相对数指标来看，2020 年，风险投资参与企业并购交易金额占全年并购交易金额的比重为 45.64%，较 2019 年增加了 8.28%；风险投资参与企业并购交易数量占全年并购交易数量的比重为 51.54%，较 2019 年增加了 7.95%。从 2014~2020 年风险投资参与企业并购交易金额和数量占全年并购交易金额和数量的比重趋势来看，风险投资参与企业并购交易金额和数量占全年并购交易金额和数量的比重趋势基本是同步的。其中，2014 年是风险投资参与企业并购交易金额和数量占全年并购交易金额和数量的比重最低的年份，占比分别为 10.43% 和 20.94%。2015 年是风险投资参与企业并购交易金额和数量占全年并购交易金额和数量的比重最高的年份，占比分别为 48.78% 和 55.04%。此外，2014~2020 年风险投资参与企业并购交易金额和数量平均占全部并购交易金额和数量的比重分别为 33.31% 和 43.34。这些数据说明风险投资已成为我国企业并购市场中的重要参与者。

第二节　理论基础

资源基础理论和社会网络理论是风险投资对被投资企业提供增值服务的基

础。因此，本节首先介绍了资源基础理论和社会网络理论。然后，结合本书的研究内容，我们分别介绍了资源基础理论、社会网络理论、信息不对称理论以及委托代理理论。具体内容如下。

一、资源基础理论

资源基础理论产生于20世纪80年代，它最早是由Wernerfelt于1984年提出的。该理论认为，企业是各种资源组成的集合体，资源的异质性决定了企业竞争力的差异。概括地讲，资源基础理论主要包括以下三个方面的内容：（1）特殊的异质性资源是企业获取竞争优势的源泉。并非所有的资源都能使企业获得竞争优势，只有有价值的、稀缺的、不可模仿的、不可替代的特殊资源才是企业获取竞争优势的源泉，企业应根据自身所拥有的资源特质并结合自身的发展状况，不断优化资源配置，提升资源的利用效率。（2）资源的不可模仿性是企业保持竞争优势的保障。企业特殊的异质性资源能够为企业带来经济租金，这会诱使没有获得经济租金的企业模仿这些企业，其结果是企业趋同，经济租金消失。因此，企业要想保持竞争优势，其所拥有的资源必须具有不可模仿性。研究发现，具有因果关系模糊性、路径依赖性以及较高模仿成本的资源较难被竞争对手模仿。（3）企业应注重特殊资源的获取、管理与运用。企业要想在竞争中保持竞争优势不仅要注重获取不可模仿的关键性异质性资源，更重要的是获取优质资源后如何对其进行管理和运用，企业可以通过提高组织的学习能力和运用知识的能力，提高资源的利用效率。

在当前不确定环境下，由于企业自身拥有资源的局限性，单纯依赖自身内部增长已不足以在激烈的竞争中维持优势地位。企业必须能够跨越组织边界，有效识别和捕捉外部发展机会，并购就成为企业获取并保持竞争优势的重要决策。依据资源基础理论，风险投资对被投资企业并购活动的影响可能表现在以下两个方面。一方面，风险投资能够帮助被投资企业获取具有竞争优势的交易标的。作为专业机构投资者，风险投资除了向被投资企业投入生存所需要的财务资源外，更重要的是，他们还将自身拥有的市场资源、信息资源、经验资源以及关系资源一同投向了被投资企业，这不仅可以帮助被投资企业在更大范围内搜寻交易标的，锁定并购对象后，还可以帮助被投资企业对标的方的资产、利润、现金流和战略等财务和非财务信息进行更全面细致的分析和判断，最终达成恰当的并购交易。另一方面，风险投资能够提高被投资企业并购后对资源的整合运用能力。被投资企业并购后，如何有效整合并购双方的资源是企业面临的一个难题。风险投资能够通过提高被投资企业内部控制的有效性，提高并购方并购后的资源整合运用能力，从而提高并购效率（李曜和宋贺，2017）。

二、社会网络理论

社会网络理论是一种重要的社会学研究范式，它起源于20世纪30年代，经过多年的发展，逐渐形成了一套系统的理论和研究方法，但该理论直到20世纪90年代才开始在企业中得到广泛应用。根据分析的侧重点不同，社会网络理论主要包括关系要素和结构要素两个分析要素。就关系要素而言，其主要关注企业之间的社会性黏着关系，通过社会联结的强度、密度、规模和对称性来说明企业的特定行为和发展过程。就结构要素而言，其主要关注企业在社会网络中所处的位置，讨论多个企业之间的关系所折射出来的社会结构及其演进模式。具体来看，现有关于社会网络理论主要形成了两大核心理论。其一为弱关系理论，该理论认为社会联结可以按照互动频率、亲密程度、情感力量以及互惠力度分为强关系和弱关系。就企业而言，强关系是在同质性更强的相似企业之间建立的联结，而弱关系则正好相反，它是在同质性比较低的企业之间建立的联结。通过强关系建立的联结，所获信息同质性较高，企业之间获取的资源常常是冗余的。而通过弱关系建立的联结却能充当信息桥梁的作用，将异质性的信息在不同企业之间相互传递，它是企业获取新知识的重要通道。其二为社会资本理论，该理论认为，就企业而言，企业拥有的社会网络规模越大、联结越多、异质性越强，其所拥有的社会资本就越多，因而其获取稀缺资源的能力也越强。最后为结构洞理论，该理论认为在相互联结的社会关系网络中，某企业与其他两个或多个企业之间存在着直接联结关系，但是其他两个或多个企业相互之间却不存在直接联结关系，即存在结构洞。此时充当联结桥梁的某企业将在获取信息和资源方面占据有利地位。此外，结构洞理论和弱关系理论与社会资本理论有较强的相关性。我们可以把结构洞之间的联结看作是弱联结，同时企业拥有的结构洞越多，其社会资本也相对越多。

依据社会网络理论，风险投资对被投资企业并购活动的影响可能表现在以下几个方面。首先，主导风投在对外投资时，可考虑同时引入多家风险投资进行联合投资，尤其是联合那些与自身存在较大异质性的风险投资。这可以利用他们之间形成的弱联结关系，帮助被投资企业获取交易标的的更多信息。其次，风险投资可以利用自身与律师事务所、会计师事务所、资产评估事务所以及银行和其他金融中介机构建立的丰富的社会资本，帮助被投资企业获取更多并购相关信息，提高并购效率。最后，风险投资本身就具有丰富的投资经验并获取了交易标的的大量信息，而并购方和交易标的之间却存在结构洞，风险投资作为连接交易双方的桥梁，可以帮助被投资企业提高并购决策的效率。

三、信息不对称理论

信息不对称理论形成于20世纪70年代。该理论认为在市场中普遍存在着信息不对称问题，处在信息劣势地位的一方会想方设法从处在信息优势地位的一方获取信息以降低因信息不对称可能带来的损失。信息不对称导致了逆向选择和道德风险两大问题，在公司治理过程中，我们面临的更多是道德风险问题。

在企业并购活动中也存在着信息不对称问题，一是并购双方之间的信息不对称，二是并购方与企业其他外部投资者之间的信息不对称。通常，在并购双方之间的信息不对称中，标的方掌握了标的资产更多的信息。因此，为降低并购风险，并购方会通过各种手段如聘请社会中介机构帮助他们对标的方进行全面的审查和评估，但是这也带来了并购成本的增加。在这个过程中，风险投资一方面能够利用自身资源能力和社会关系网络为被投资企业聘请到更优质的社会中介机构，从而帮助企业对标的资产进行更全面细致的评估；另一方面还能够通过自己的渠道帮助被投资企业获取更多有关标的方的私有信息，从而降低并购成本和并购风险。相反地，在并购方与企业其他外部投资者之间的信息不对称中，并购方处于信息有利的一方。其在对外融资时，如果采用发行股票的方式将向外部投资者传递公司股价被高估的信号，投资者以此为信号卖出公司股票，可能会使公司股价下行。而如果采用现金支付的方式将向外部投资者传递公司股价被低估的信号，投资者以此为信号买入公司股票，公司股价随之上行。在这个过程中，风险投资不仅能为被投资企业直接提供财务资源，还能够利用自身资源能力和社会关系网络帮助企业进一步筹集并购所需要的资金，使企业在对外融资时拥有更大的财务弹性。

四、委托代理理论

委托代理理论是由美国经济学家 Berle 和 Means 于 20 世纪 30 年代首次提出的。谈到委托代理理论，我们首先要了解委托代理关系。随着社会生产力的发展，劳动分工被不断细化，企业的所有者因为时间和精力问题不得不下放自己的管理权，这也催生了专业管理人才的产生。这些管理人员恰巧有能力和精力帮助企业所有者更好地行使管理权，市场上的这种供求关系最终使他们之间形成了委托代理关系。但在这种委托代理关系中，他们之间的利益并不完全一致。企业的所有者追求的是自身财富最大化，而企业的管理者追求的则是个人利益最大化，包括高额薪酬、在职消费以及闲暇时间等，这必然导致双方之间的利益冲突。同时，由于信息不对称的存在，企业的所有者也不可能对管理者行为进行完全的监控，代理成本由此产生。因此，委托代理理论的核心任务就是在信息不对称和利益冲突的条件下，企业的所有者如何设计最优契约来缓解管理者的道德风险问题，从而降低代理成本。在现代企业制度下，常见的代理问题主要有两类，一是企业所有者与管理者之间的代理问题（第一类代理问题）；二是大股东与中小股东之间的代理问题（第二类代理问题）。

就风险投资的运行模式来看，其首先需要从风险投资资金提供者处募集资金，然后将募集的资金投向被投资企业并帮助被投资企业做大做强，最终通过 IPO、并购等方式退出企业以获得资本回报。从这个过程来看，风险投资与资金提供者以及被投资企业之间存在双重委托代理关系。一方面，风险投资的资金提供者和风险投资之间存在委托代理关系。作为委托人，风险投资的资金提供者将资金投入风险投资，但其并不参与机构的日常经营运作，对机构的实际运作情况了解程度远低于风险投资的实际管理人，他们之间存在着信息不对称。作为信息优势的一方，风险投资可能为了满足私人利益，如建立行业声誉等而投资那些周期短见效快的项目，放弃那些具有重要战略投资价值的投资期限较长的优质项目，从而引发道德风险问题。另一方面，风险投资与被投资企业之间也存在委托代理关系。风险投资的最终目的是获得资本退出收益，通常并不谋求被投资企业的控制权，这就决定了其与被投资企业之间存在利益冲突。作为信息优势的一方，被投资企业在受到风险投资的投资后，其可能违背双方签订的契约条款，擅自改变企业的发展战略，将资金投向其他周期更长见效更慢的项目中，引发道德风险问题。因此，风险投资在对被投资企业进行投资后，为降低这种代理成本，他们也会积极帮助被投资企业招募管理者、聘任或者解聘 CEO、实施分阶段融资以及可转债等手段对被投资企业进行持续监督。

在企业并购过程中，一方面，企业的管理者可能为了分散雇佣风险、获得高额薪酬以及在经理人市场建立声誉等（Jensen，1986；Jensen 和 Murphy，1990；Shleifer 和 Vishny，1990），以牺牲股东利益为代价盲目推动企业进行一些低效率的并购活动（Amihud 和 Lev，1981），引发第一类代理问题。另一方面，在公司并购过程中，大股东对企业的并购决策几乎具有绝对的控制权，他们也可能会利用并购活动通过关联交易等手段侵占中小股东的利益（张志宏和费贵贤，2010；高燕燕和黄国良，2016），引发第二类代理问题。作为积极型机构投资者，风险投资作为被投资企业的股东，其与被投资企业的管理者之间存在利益冲突。同时，作为资本提供方，风险投资的最终目的是获得资本退出收益，通常并不谋求被投资企业的控制权，这就决定了其与被投资企业大股东之间可能存在代理冲突。因此，为了使自身利益最大化，风险投资有动机和压力去缓解这两类代理冲突，在并购活动中发挥其增值效应。

五、本章小结

本章主要介绍了中国风险投资的发展历程和发展现状、中国企业并购市场发展现状以及风险投资参与企业并购活动的情况，这为本书的研究提供了现实基础。同时，本书还介绍了资源基础理论、社会网络理论、信息不对称理论和委托代理理论，并简要介绍了相关理论基础与本书研究内容之间的理论联系，这为后续研究风险投资持股对企业并购决策及经济后果的影响提供了理论基础。

第三章　风险投资持股与多元化并购

第一节　引　　言

2021 年下半年，恒大债务危机全面爆发，引起了监管部门以及广大投资者和购房者的广泛关注。作为中国房地产行业的龙头企业，恒大近年来耗费巨资通过大肆多元化并购跨领域涉及了粮油、矿泉水、体育、文旅、母婴以及新能源汽车等多个行业，但这些产业大多经营业绩惨淡，尤其在新能源汽车领域，近年其投资了 3000 亿元人民币造车，却是一辆实体车都没有造出来，一度被外界戏称为 PPT 造车。在这场危机的背后，我们不难发现企业盲目进行多元化并购是导致这场债务危机的重要原因之一。

在理论界，国内外学者们普遍认为多元化并购对主并方的并购绩效有负面影响，即存在多元化折价现象，尤其与同行业并购相比，多元化并购的并购绩效显著更低，鲜有研究表明多元化并购的并购绩效高于同行业并购（Berger 和 Ofek，1995；Gregory，1997；Megginson 等，2001；李善民和朱涛，2006；洪道麟等，2006；韩忠雪和程蕾，2011；陈旭东等，2013；蒋先玲等，2013）。既如此，企业为什么仍然进行多元化并购呢？尽管在理论上，获得协同效应是企业进行多元化并购的动因之一，但是在实践上却发现代理理论和自大假说却是企业多元化并购动因最有力的解释（Aggarwal 和 Samwick，2003；赵晶晶和毛雅娟，2009；陈旭东等，2013）。因此，探究如何缓解企业在并购过程中的代理冲突以及抑制管理层的过度自信对于企业优化并购决策有重要意义。

作为专业投资者，学者们普遍认为风险投资对被投资企业具有增值效应。国内外学者比较一致的看法是风险投资增值效应的来源主要包括以下四种：认证功能（Megginson 和 Weiss，1991；吴超鹏等，2012；陈思等，2017）、监督治理功能（Lerner，1995；Kaplan 和 Strömberg，2004；Hellmann 和 Puri，2002；吴超鹏等，2012；吴超鹏和张媛，2017；李曜和宋贺，2017）、吸引资源功能（Barry 等，1990；Kaplan 和 Strömberg，2001；Hochberg 等，2007；蔡宁和何星，2015）以及咨询功能（Cumming 和 Johan，2007；李曜和宋贺，2017；李善民等，2019）。这可能有助于缓解被投资企业的代理冲突以及抑制管理层的过度自信行为。那么，在企业并购重组活动中，风险投资对被投资企业多元化并购有影响吗？风险投资的特征以及企业所处的外部环境差异对被投资企业多元化并购的影响有差异吗？它们之间的作用机理是什么？

基于此，本章内容以2014~2018年首次IPO的A股上市公司作为主并方的并购事件为基础样本，通过实证分析检验风险投资持股对企业多元化并购的影响。研究发现，相比无风险投资持股的企业，有风险投资持股的企业更倾向于进行非多元化并购。采用Heckman两阶段回归、PSM分析以及其他稳健性检验方法进行检验后，上述结论依然成立。进一步研究发现，从风险投资的参与度视角来看，风险投资的参与度越高，被投资企业越倾向于进行非多元化并购。其中参与度我们通过持股比例和持股家数两个指标衡量。从外部环境视角来看，在市场化水平（宏观层面）以及市场竞争程度（行业层面）较低的地区，相比无风险投资持股的企业，有风险投资持股的企业更倾向于进行非多元化并购。作用机理分析发现，从多元化并购动因之代理理论角度来看，风险投资能够缓解股东与管理层之间以及大股东与中小股东之间的代理冲突，从而降低企业盲目进行多元化并购的行为。从多元化并购动因之自大假说角度来看，风险投资能够通过抑制管理层过度自信，从而降低企业盲目进行多元化并购的行为。

本章的边际贡献主要有：（1）将风险投资作为企业多元化并购的影响因素进行考察，不仅拓宽了企业多元化并购影响因素的相关研究，而且丰富了风险投资对企业并购战略决策影响的研究文献。现有文献关于风险投资对企业并购的影响主要关注了风险投资持股对企业并购绩效的影响以及风险投资持股对企业异地并购的影响（李曜和宋贺，2017；李善民等，2019；董静和余婕，2021），尚未有人关注风险投资持股对企业多元化并购的影响。我们将风险投资对企业并购战略决策影响的研究拓展到多元化并购这一细分领域，是一次新的尝试。（2）本章的研究结果表明，风险投资增值效应的发挥能够通过缓解代理冲突并抑制管理层过度自信，从而降低企业盲目进行多元化并购的行为，提高企业的并购决策效率。这可以为上市公司优化并购决策以及政府和各监管部门积极推进风险投资行业健康发展提供经验证据。

第二节　理论分析与假设提出

学者们普遍认可风险投资的增值效应主要来源于其认证功能、监督治理功能、吸引资源功能以及咨询功能，我们认为其中的监督治理功能、吸引资源功能以及咨询功能能够帮助被投资企业缓解并购过程中面临的管理层与股东之间以及大股东和中小股东之间的代理冲突并抑制管理层的过度自信行为，从而降低被投资企业进行多元化并购的动机。具体分析如下：

从代理理论角度来看，在西方资本主义国家，公司股权相对分散，管理者可能为了满足私人利益，如分散雇佣风险、获得高额薪酬以及在经理人市场建立声誉等（Jensen，1986；Jensen 和 Murphy，1990；Shleifer 和 Vishny，1990），以牺牲股东利益为代价推动企业进行多元化并购（Amihud 和 Lev，1981），即第一类代理问题导致企业进行多元化并购。此外，在我国，由于我国上市公司股权相对集中，一股独大的现象普遍存在。在公司并购过程中，大股东对企业的并购决策几乎具有绝对的控制权，他们也可能会通过利用企业多元化并购活动来获取控制权私利（张志宏和费贵贤，2010；高燕燕和黄国良，2016），即第二类代理问题导致企业进行多元化并购。作为资本提供方，风险投资的最终目的是获得资本退出收益，通常并不谋求被投资企业的控制权，这就决定了其与被投资企业大股东之间可能存在代理冲突。此外，作为股东，风险投资又是企业的所有者，其与管理层之间也可能存在代理冲突。因此，为顺利退出并获得资本退出收益，风险投资有动机和压力去缓解这两类代理冲突。研究发现，风险投资具有监督治理功能，其在决定对企业进行投资后，一方面，他们会通过协助被投资企业招募管理者、聘任或者解聘 CEO、实施分阶段融资以及可转债等手段对被投资企业进行持续监督（Hellmann 和 Puri，2002；Kaplan 和 Stromberg，2003）。另一方面，他们往往也会选择进驻被投资企业董事会，直接参与企业的经营决策并帮助被投资企业选聘有金融或财务知识背景的专业人员担任外部董事，提高被投资企业董事会的规模和独立性（Baker 和 Gompers，2003；袁蓉丽等，2014），改善公司治理水平。这些措施有助于抑制管理层和大股东利用企业多元化并购活动对上市公司的利益侵占行为，从而降低企业盲目进行多元化并购的动机。

从自大假说角度来看，管理层过度自信是导致企业进行多元化并购的另一重要原因。自大假说是由 Roll 于 1986 年提出的，在 Roll 的基础上，Malmendier 和 Tate 最早将管理层过度自信进行量化，从实证角度研究发现管理者过度自信会导致企业进行价值毁损的并购，尤其是在进行多元化并购时，过度自信的管理者往往高估并购项目预期收益，从而为并购支付过高的代价（Malmendier 和 Tate，2008；Malmendier 和 Tate，2008）。作为企业并购决策的参与者，一方面，风险投资具有吸引资源功能，它能够利用自身资源能力吸引投资银行、商业银行、律师事务所、会计师事务所以及其他风险投资共同建立社会关系网络（Barry 等，1990；Hochberg 等，2007；Chemmanur 和 Loutskina，2006）。社会关系网络的建立，不仅可以帮助被投资企业在更大的范围内扫描、搜寻和选择并购对象；锁定并购对象后，其吸引来的高质量的中介机构还能够帮助被投资企业对标的方的资产、利润、现金流和战略等财务和非财务信息进行更全面细致的分析和判断，帮助企业获取行业以及标的方自身更全面深入的信息。另一方面，风险投资具有咨询功能，作为专业投资者，它能够利用自身的行业专长帮助被投资企业获取管理者自身无法获取的关于投资标的更隐秘的软信息（Kaplan 和 Strömberg，2001）。根据以上分析，风险投资通过吸引资源功能以及咨询功能能够为管理者提供关于标的方更全面深入的信息，尤其是有关标的方隐藏的负面消息，从而抑制管理者因过度自信而盲目进行多元化并购的动机。基于以上分析，我们提出假设 3－1。

假设 3－1：相比无风险投资持股的企业，有风险投资持股的企业在并购时更倾向于进行非多元化并购

第三节 研究设计

一、样本选择与数据来源

本书首先从 WIND 数据库获取 2014～2018 年首次 IPO 的 A 股上市公司作

为主并方的并购事件，然后，按以下标准对样本进行进一步处理：（1）保留交易最新进度为完成、过户或者实施的并购事件；（2）对于同一年度对同一标的进行的多次并购事件将其合并至首起并购事件，作为一起并购事件处理；对于不同年度对同一标的进行的多次并购事件将其视为多起并购事件处理。（3）剔除交易双方有一方所在行业为金融行业的上市公司；（4）剔除被ST的上市公司；（5）剔除关键变量数据缺失的上市公司；（6）为了消除极端值可能对结果造成的影响，对所有连续变量进行了上下各1%的缩尾处理。经过上述筛选，最终得到可用于实证分析的1289个公司年度观测样本。此外，研究所需的风险投资数据来自CVSOURCE数据库，并购事件相关信息来自WIND数据库，制度环境数据来自王小鲁等编制的《中国分省份市场化指数报告(2018)》的市场化指数，其他研究所需的数据均来自国泰安数据库。

二、模型设计与变量定义

（一）模型设计

根据研究目的，我们设置了Logistic回归模型3－1用于检验假设3－1，具体模型设定如下：

$$
\begin{aligned}
DMA_{i,t} = {} & \alpha + \beta_0 VC_{i,t} + \beta_1 LnSize_{i,t} + \beta_2 LEV_{i,t} + \beta_3 State_{i,t} + \beta_4 ROA_{i,t} + \\
& \beta_5 Growth_{i,t} + \beta_6 Turnover_{i,t} + \beta_7 MB_{i,t} + \beta_8 Top1_{i,t} + \\
& \beta_9 Indpr_{i,t} + \beta_{10} Pmnghld_{i,t} + Year + Ind + \varepsilon_{i,t} \qquad (3-1)
\end{aligned}
$$

（二）变量定义

（1）被解释变量——多元化并购（DMA）。该变量为虚拟变量，若上市公司在报告期内实施多元化并购，则DMA取值为1，否则为0。WIND数据库对企业并购目的的分类高达数十种，主要包括“横向整合”“垂直整合”“多元化战略”“业务转型”“战略合作”以及“财务投资”等目的。借鉴杨威等(2019)的研究，我们将并购目的为“多元化战略”的定义为多元化并购。同时在稳健性检验时，仅保留产业并购事件，即仅保留并购目的为“横向整合”“垂直整合”和“多元化战略”这三种，删除其他并购目的的样本。

（2）解释变量——风险投资（VC），表示上市公司报告期内是否有风险投资持股，该变量为虚拟变量。若上市公司在报告期内有风险投资持股，则VC取值1，否则为0。在判断一家公司是否有风险投资持股时，借鉴董静等（2017）以及胡刘芬和周泽将（2018）的研究，我们按照以下标准进行认定：（1）风险投资的性质为PE－Growth或者VC－Serise（投资轮次包括A轮、B轮、C轮、D轮和E轮），且投资时点在公司IPO之前。（2）从国泰安数据库下载上市公司十大股东名录，将该名录与CVSOURCE数据库中获取的投资机构名录进行匹配，若前十大股东中至少有一家为风险投资或风险投资基金，则认定该上市公司具有风险投资持股背景。

（3）控制变量。参考相关文献，本书还对如下变量进行了控制：资产规模（LnSize）、资产负债率（LEV）、产权性质（State）、总资产收益率（ROA）、净利润增长率（Growth）、营运能力（Turnover）、市账比（MB）、股权集中度（Top1）、独立董事占比（Indpr）以及管理层持股比例（Pmnghld），同时我们还控制了年度（Year）和行业效应（Ind）。具体变量描述及定义见表3－1。

表3－1　变量描述及定义

变量类型	变量名称	变量符号	变量定义
被解释变量	多元化并购	DMA	虚拟变量，若上市公司在报告期实施多元化并购，则DMA取值为1，否则为0
解释变量	风险投资	VC	虚拟变量，若上市公司有风险投资持股取值1，否则为0
控制变量	公司规模	LnSize	期末资产总额取自然对数
	资产负债率	LEV	期末总资产/期末总负债
	产权性质	State	虚拟变量，若为国有企业取值1，否则为0
	总资产收益率	ROA	净利润×2/(期初总资产＋期末总资产)
	净利润增长率	Growth	(期末净利润－上期末净利润)/上期末净利润
	营运能力	Turnover	营业总收入×2/(期初总资产＋期末总资产)
	市账比	MB	市场价值与账面价值之比
	股权集中度	Top1	第一大股东持股比例
	独立董事占比	Indpr	独立董事人数占董事会人数的比例
	管理层持股比例	Pmnghld	管理层持股数量/总股本
	年度	Year	年度效应
	行业	Ind	行业效应，按照证监会行业分类2012年版划分

第四节　实证分析

一、描述性统计

表3－2列示了各变量的描述性统计结果。其中，Panel A列示了全样本描述性统计结果，Panel B列示了各变量均值差异T检验结果。从Panel A结果来看，多元化并购（DMA）的平均值为0.07，说明在样本期内约有7%的公司实施了多元化并购。VC的平均值为0.54，说明在样本期内，风险投资参与被投资企业并购事件的比例达到了54%，这意味着公司上市后仍有相当数量的风险投资并未退出被投资企业，他们选择继续持有上市公司股份并参与被投资企业的并购活动。

在控制变量方面，LnSize的平均值为21.62，中位数为21.45，中位数小于平均值，说明多数样本公司规模偏小。LEV的平均值为0.38，但是最大值为0.78，说明部分样本公司负债水平较高，而LEV的中位数为0.38，平均值与中位数持平，说明样本公司负债水平分布比较均匀。State的平均值为0.06，说明样本公司中国有企业占样本总体的6%，这也比较符合我国的基本国情。ROA的平均值为0.06，ROA的中位数为0.06，平均值与中位数持平，说明样本公司总资产收益率分布比较均匀。Growth的最小值为－0.07，Growth的最大值为2.57，说明部分样本公司在上市后成长性较差，而部分样本公司却依旧保持了快速成长。整体来看，Growth的均值为0.46，中位数为0.34，说明样本公司普遍保持着良好的成长性。Turnover的平均值为0.61，中位数为0.50，中位数小于平均值，说明有一半以上的样本公司总资产周转率偏低。MB最小值为1.01，最大值为5.18，说明样本公司账面价值和市场价值存在较大差别，MB最小的样本公司市场价值几乎与账面价值持平，MB最大的样本公司市场价值却是账面价值的5倍之多。Top1的平均值为38.53，说明我国上市公司一股独大的现象比较普遍；同时，Top1的最大值为76.39，最小值为9.50，标准差为14.00，说明我国上市公司第一大股东持股比例存在较大差异，波动性较大，而第一大股东持股比例越高，大股东侵占中小股东利益的行为发生的概率可能越大。Indpr 平均值为 0.38，中位数为 0.33，中位数小于平均值，说明多数样本公司独立董事占比较小。Pmnghld 最小值为 0.00，最大值为 0.71，说明样本公司之间管理层持股比例存在较大差别，而管理层持股比例越高，管理层与股东之间的代理冲突可能越大，他们可能因过度自信或者出于自我商业帝国的构建而盲目进行一些与企业战略目标不一致（互补）的并购标的。此外，除 Top1 之外，其他变量的标准差均小于 1，主要变量的描述性统计无异常。

从 Panel B 结果来看，有风险投资持股企业的 DMA 样本均值为 0.05，无风险投资持股企业的 DMA 样本均值为 0.10，有风险投资持股企业的 DMA 样本均值低于无风险投资持股企业的样本均值，且在 1% 水平下通过显著性检验。说明有风险投资持股的企业进行多元化并购的可能性更低。初步证明了假设 3－1 成立。此外，从其他控制变量的均值 T 检验结果来看，有风险投资持股企业的 LnSize 样本均值为 21.51，无风险投资持股企业的 LnSize 样本均值为 21.73，有风险投资持股企业的 LnSize 样本均值低于无风险投资持股企业的样本均值，且在 1% 水平下通过显著性检验。说明风险投资持股的企业公司规模相对更小。有风险投资持股企业的 LEV 样本均值为 0.37，无风险投资持股企业的 LEV 样本均值为 0.40，有风险投资持股企业的 LEV 样本均值低于无风险投资持股企业的样本均值，且在 1% 水平下通过显著性检验。说明风险投资持股的企业公司资产负债率水平相对更低。有风险投资持股企业的 ROA 样本均值为 0.06，无风险投资持股企业的 ROA 样本均值为 0.06，有风险投资持股企业的 ROA 样本均值高于无风险投资持股企业的样本均值，且在 10% 水平下通过显著性检验。说明风险投资持股的企业总资产收益率相对更高。有风险投资持股企业的 MB 样本均值为 1.99，无风险投资持股企业的 MB 样本均值为 1.83，有风险投资持股企业的 MB 样本均值高于无风险投资持股企业的样本均值，且在 1% 水平下通过显著性检验。说明风险投资持股的企业市账比更高。有风险投资持股企业的 Top1 样本均值为 36.87，无风险投资持股企业的 Top1 样本均值为 39.39，有风险投资持股企业的 Top1 样本均值低于无风险投资持股企业的样本均值，且在 1% 水平下通过显著性检验。说明风险投资持股的企业第一大股东持股比相对更低。有风险投资持股企业的 Indpr 样本均值为 0.38，无风险投资持股企业的 Indpr 样本均值为 0.38，有风险投资持股企业的 Indpr 样本均值高于无风险投资持股企业的样本均值，且在 10% 水平下通过显著性检验。说明风险投资持股的企业独立董事占比相对更高。Top1 和 Indpr 数据综合说明相比无风险投资持股的企业，有风险投资持股的企业公司治理水平可能更高。

表 3-2 变量描述性统计

Panel A：全样本描述性统计

变量	样本量	平均值	标准差	中位数	最小值	最大值
DMA	1289	0.07	0.26	0.00	0.00	1.00
VC	1289	0.54	0.50	1.00	0.00	1.00
LnSize	1289	21.61	0.96	21.45	20.07	25.43
LEV	1289	0.38	0.17	0.38	0.06	0.78
State	1289	0.06	0.24	0.00	0.00	1.00
ROA	1289	0.06	0.04	0.06	-0.03	0.17
Growth	1289	0.46	0.46	0.34	-0.07	2.57
Turnover	1289	0.61	0.39	0.50	0.13	2.35
MB	1289	1.92	0.82	1.67	1.01	5.18
Top1	1289	38.03	14.00	36.83	9.50	76.39
Indpr	1289	0.38	0.05	0.36	0.33	0.57
Pmnghld	1289	0.29	0.22	0.31	0.00	0.71

Panel B：变量均值差异 T 检验

变量	无 VC 组		有 VC 组		均值差异	T 值
	样本数	均值	样本数	均值		
DMA	592	0.10	697	0.05	0.04***	3.08
LnSize	592	21.73	697	21.51	0.22***	4.08
LEV	592	0.40	697	0.37	0.03***	2.69
State	592	0.05	697	0.07	-0.02	-1.26
ROA	592	0.06	697	0.06	-0.00*	-1.69
Growth	592	0.45	697	0.46	-0.02	-0.61
Turnover	592	0.59	697	0.62	-0.03	-1.22
MB	592	1.83	697	1.99	-0.16***	-3.45
Top1	592	39.39	697	36.87	2.52***	3.23
Indpr	592	0.38	697	0.38	-0.01*	-1.82
Pmnghld	592	0.28	697	0.30	-0.02	-1.54

注：***、**、*分别表示 1%、5%、10% 的显著性水平。

二、相关性分析

表 3－3 列示了各变量的相关性分析结果，下三角列示的是 Pearson 相关系数，上三角列示的是 Spearman 相关系数。从 Pearson 相关系数来看，解释变量 VC 与被解释变量 DMA 之间的相关系数为 －0.09，且在 1% 水平下通过显著性检验，说明相比无风险投资持股的企业，有风险投资持股的企业进行多元化并购的可能性更低，初步验证了假设 3－1。此外，控制变量 LnSize 与被解释变量 DMA 之间的相关系数为 －0.07，且在 5% 水平下通过显著性检验，说明当企业规模越大时，企业进行多元化并购的概率更低。Spearman 相关系数与 Pearson 相关系数主要变量结果显著性基本一致。此外，各个变量间的相关系数最大值为 0.59，说明模型不存在严重的多重共线性问题，模型设置较为合理。

三、回归结果分析

表 3－4 列示了假设 3－1 的实证回归结果，第（1）列列示了风险投资持股与被投资企业多元化并购之间的单变量回归结果。其中，VC 的系数为 －0.247，且在 5% 的水平下通过显著性检验，说明有风险投资持股的企业在并购时进行多元化并购的概率比无风险投资持股的企业低 21.89%（$e^{-0.247}-1=-0.2189$）。即相比无风险投资持股的企业，有风险投资持股的企业在并购时更倾向于进行非多元化并购，初步验证了假设 3－1 成立。第（2）列报告了加入控制变量后，风险投资持股与被投资企业多元化并购之间的回归结果。其中，VC 的系数为 －0.278，且在 1% 的水平下通过显著性检验，说明有风险投资持股的企业在并购时进行多元化并购的概率比无风险投资持股的企业低 24.27%（$e^{-0.278}-1=-0.2427$）。即相比无风险投资持股的企业，有风险投资持股的企业在并购时更倾向于进行非多元化并购，假设 3－1 成立。从控制变量来看，LnSize 显著为负，且在 1% 水平下通过显著性检验，说明当公司的规模越大时，公司越倾向于进行非多元化并购。这可能是由于相比规模较小的公司，规模较大的企业公司治理机制更完善，从而有助于缓解代理冲突。此外，规模较大的企业社会关系网络更为广泛，这能够为企业搜集到关于并购标的更多的隐藏信

表 3-3 相关系数

变量	DMA	VC	LnSize	LEV	State	ROA	Growth	Turnover	MB	Top1	Indpr	Pmnghld
DMA	1	-0.09***	-0.08***	-0.01	-0.02	-0.00	-0.05*	0.04	0.05*	-0.01	0.00	0.04
VC	-0.09***	1	-0.09***	-0.07***	0.04	0.05*	0.05*	0.03	0.05*	-0.09***	-0.03	0.03
LnSize	-0.07**	-0.11***	1	0.58***	0.14***	-0.21***	0.09***	0.04	-0.53***	0.10***	-0.07***	-0.21***
LEV	-0.01	-0.07***	0.59***	1	0.03	-0.44***	0.19***	0.12***	-0.40***	0.05*	-0.05*	-0.11***
State	-0.02	0.04	0.26***	0.05	1	-0.06**	-0.18***	-0.10***	-0.14***	0.10***	-0.04	-0.28***
ROA	0.01	0.05*	-0.18***	-0.43***	-0.05*	1	0.03	0.29***	0.37***	0.08***	0.05*	0.11***
Growth	-0.02	0.02	0.05*	0.06**	-0.14***	-0.03	1	-0.14***	0.03	-0.03	0.00	0.11***
Turnover	0.01	0.03	0.02	0.14***	-0.10***	0.17***	-0.17***	1	-0.05*	0.06**	0.01	0.01
MB	0.02	0.10***	-0.40***	-0.37***	-0.10***	0.40***	-0.01	-0.07***	1	-0.10***	-0.04	0.12***
Top1	-0.02	-0.09***	0.24***	0.11***	0.14***	0.05	-0.04	0.05*	-0.16***	1	0.12***	-0.17***
Indpr	0.00	-0.05*	-0.06**	-0.06**	-0.07**	0.02	-0.00	0.01	-0.06**	0.13***	1	0.03
Pmnghld	0.04	0.04	-0.26***	-0.12***	-0.26***	0.12***	0.11***	-0.02	0.08***	-0.20***	0.03	1

注：***、**、*分别表示1%、5%、10%的显著性水平；下三角报告 Pearson 相关系数，上三角报告 Spearman 相关系数。

息，从而抑制管理层过度自信行为，最终降低了企业进行多元化并购的动机。LEV显著为正，且在10%水平下通过显著性检验，说明当公司的资产负债率越高时，公司越倾向于进行多元化并购。这可能是由于企业资产负债率越高时，其面临的融资约束也越大，其可能需要通过多元化并购获得新的融资渠道，因此资产负债率越高的企业越倾向于进行多元化并购。

表3-4　　风险投资与多元化并购回归结果

变量	(1)	(2)
	DMA	DMA
VC	-0.247** (-2.26)	-0.278** (-2.54)
LnSize		-0.242*** (-2.60)
LEV		0.834* (1.71)
State		0.135 (0.51)
ROA		1.898 (1.01)
Growth		-0.108 (-0.69)
Turnover		0.003 (0.01)
MB		-0.068 (-0.71)
Top1		-0.002 (-0.38)
Indpr		-0.167 (-0.16)
Pmnghld		0.163 (0.65)
截距	-1.431** (-2.31)	3.571 (1.62)

续表

变量	(1)	(2)
	DMA	DMA
Year	已控制	已控制
Ind	已控制	已控制
样本量	1245	1245
Pseudo R^2	0.04	0.05

注：***、**、*分别表示1%、5%、10%的显著性水平；括号中输出的值为z值。

第五节　稳健性检验

一、Heckman两阶段回归

风险投资与被投资企业的多元化并购之间的关系可能存在内生性问题。那些被风险投资选择的企业可能其本身进行非多元化并购的可能性就更高，并不是由于风险投资持股所引起的，这使得样本存在选择性偏误，我们采用Heckman两阶段回归处理内生性问题可能对实证结果带来的不利影响。借鉴相关文献，在第一阶段，我们选择公司规模（LnSize）、产权性质（State）、资产负债率（LEV）、总资产收益率（ROA）、净利润增长率（Growth）、营运能力（Turnover）、市账比（MB）、股权集中度（Top1）、独立董事占比（Indpr）、管理层持股比例（Pmnghld）、是否属于高新技术行业（HT）以及公司注册地是否属于风险投资发达地区（VC_develop）作为参与方程进行回归。其中，VC_develop为虚拟变量，由于我国风险投资多分布在北京、上海、广东、江苏和浙江五个地方，因此若上市公司注册地在以上五个地方，则取值1，否则为0。将回归得到的逆米尔斯比率（Lambda）加入模型3-1重新进行回归，回归结果见表3-5。在表3-5中，第（1）列列示了Heckman第一阶段的回归结果，第（2）列列示了对应的第二阶段的回归结果。在第（2）列中，VC的系数为负，且在5%水平下通过显著性检验，说明相比无风险投资持股的企业，有风险投资持股的企业更倾向于进行非多元化并购。以上回归结果再次验证了假设3-1成立。

表 3-5 Heckman 两阶段回归结果

变量	(1)	(2)
	VC	DMA
VC		-0.275** (-2.51)
LnSize	-0.158*** (-2.59)	-0.280** (-2.40)
LEV	-0.150 (-0.47)	0.810 (1.63)
State	0.395** (2.05)	0.228 (0.66)
ROA	-0.893 (-0.67)	1.672 (0.85)
Growth	0.149* (1.77)	-0.075 (-0.43)
Turnover	0.183 (1.46)	0.035 (0.18)
MB	0.128** (2.16)	-0.037 (-0.31)
Top1	-0.002 (-0.74)	-0.002 (-0.52)
Indpr	-1.057 (-1.45)	-0.461 (-0.39)
Pmnghld	0.185 (1.05)	0.208 (0.77)
HT	0.192* (1.79)	
VC_develop	-0.110 (-1.29)	
Lambda		0.376 (0.44)
截距	4.522*** (3.10)	4.283* (1.75)

续表

变量	(1)	(2)
	VC	DMA
Year	已控制	已控制
Ind	已控制	已控制
样本量	1287	1245
Pseudo R^2	0.08	0.05

注：***、**、*分别表示1%、5%、10%的显著性水平；括号中输出的值为z值。

二、PSM 分析

除了 Heckman 两阶段回归外，我们还采用 PSM 分析缓解内生性问题。我们首先用风险投资（VC）作为被解释变量，加入模型3－1中的控制变量，利用 Logistic 回归估计出样本获得风险投资的倾向得分，然后利用倾向得分对样本进行半径匹配。匹配后的样本平衡性检验见表3－6。在表3－6中，我们发现在进行 PSM 半径匹配之前，有风险投资持股的企业（处理组）与无风险投资持股的企业（控制组）之间在资产规模（LnSize）、资产负债率（LEV）、总资产净利率（ROA）、市账比（MB）、第一大股东持股比（Top1）以及独立董事占比（Indpr）方面均存在显著差异，而经过 PSM 半径匹配之后，这些指标在两组样本之间的标准偏差均有较大幅度减小，且 P 值均大于0.1，说明匹配后两组样本的特征变量不再有显著差异，样本匹配较好。然后，我们对匹配后的样本重新进行回归分析，重新回归后的结果见表3－7。在表3－7中，VC 的系数为负，并在5%水平下通过显著性检验，说明相比无风险投资持股的企业，有风险投资持股的企业更倾向于进行非多元化并购。以上回归结果再次验证了假设3－1成立。

表3－6　　PSM 匹配平衡性检验结果

变量		均值		标准偏差（%）	标准偏差减少幅度（%）	t－test	
		处理组	控制组			t	p>t
LnSize	匹配前	21.512	21.73	－22.6		－4.08	0.000
	匹配后	21.511	21.491	2.1	90.8	0.43	0.664

续表

变量		均值		标准偏差（%）	标准偏差减少幅度（%）	t - test	
		处理组	控制组			t	p > t
LEV	匹配前	0.37223	0.39788	-15.0		-2.69	0.007
	匹配后	0.37179	0.3697	1.2	91.9	0.23	0.815
State	匹配前	0.06743	0.05068	7.1		1.26	0.206
	匹配后	0.06609	0.06026	2.5	65.2	0.45	0.655
ROA	匹配前	0.06289	0.05946	9.5		1.69	0.092
	匹配后	0.06292	0.06254	1.1	88.8	0.20	0.845
Growth	匹配前	0.4629	0.44727	3.4		0.61	0.542
	匹配后	0.46273	0.45946	0.7	79.1	0.13	0.897
Turnover	匹配前	0.61833	0.59189	6.8		1.22	0.223
	匹配后	0.61808	0.61705	0.3	96.1	0.05	0.961
MB	匹配前	1.9896	1.8314	19.5		3.45	0.001
	匹配后	1.9862	1.9403	5.7	71.0	1.04	0.300
Top1	匹配前	36.874	39.394	-18.0		-3.23	0.001
	匹配后	36.894	36.885	0.1	99.7	0.01	0.990
Indpr	匹配前	0.37599	0.38135	-10.1		-1.82	0.068
	匹配后	0.37606	0.37735	-2.4	75.9	-0.47	0.639
Pmnghld	匹配前	0.30152	0.28211	8.6		1.54	0.123
	匹配后	0.30178	0.30531	-1.6	81.8	-0.30	0.767

表 3-7　PSM 回归结果

变量	(1)
	DMA
VC	-0.276** (-2.53)
LnSize	-0.229** (-2.40)
LEV	0.820* (1.67)
State	0.068 (0.23)

续表

变量	(1)
	DMA
ROA	1.855 (0.99)
Growth	-0.113 (-0.73)
Turnover	-0.003 (-0.02)
MB	-0.066 (-0.68)
Top1	-0.002 (-0.36)
Indpr	-0.174 (-0.16)
Pmnghld	0.148 (0.59)
截距	3.319 (1.47)
Year	已控制
Ind	已控制
样本量	1231
Pseudo R^2	0.05

注：***、**、*分别表示1%、5%、10%的显著性水平；括号中输出的值为z值。

三、其他稳健性检验

WIND数据库对企业并购目的的分类高达数十种，主要包括“横向整合”“垂直整合”“多元化战略”“业务转型”“战略合作”以及“财务投资”等目的。在主回归中，我们将并购目的为“多元化战略”的定义为多元化并购，取值为1，其他并购目的取值为0。在该部分进行稳健性检验时，参照相关研究，我们仅保留产业并购事件，即仅保留并购目的为“横向整合”“垂直整合”和“多元化战略”的样本，删除其他并购目的的样本。在此基础上，我们将并购目的为“多元化战略”的定义为多元化并购，取值为1，其他并购目的取值为0，最终得到可用于实证分析的1090个公司年度观测样本。重新回归后的结果见表3-8第（1）列。此外，公司上一期的财务和非财务特征也可能影响其当期的并购决策，参照李善民等（2019）以及董静和余婕（2021）的研究，我们将控制变量（公司层面特征）滞后一期，重新回归后的结果见表3-8第（2）列。在表3-8第（1）列和第（2）列中，VC的系数依然为负，且至少在5%水平下通过显著性检验，说明相比无风险投资持股的企业，有风险投资持股的企业更倾向于进行非多元化并购。以上回归结果再次验证了假设3-1成立。

表3-8　　其他稳健性检验回归结果

变量	(1)	(2)
	DMA	DMA
VC	-0.276** (-2.46)	-0.304*** (-2.63)
LnSize	-0.235** (-2.43)	-0.206** (-2.13)
LEV	0.846* (1.72)	0.924** (1.97)
State	0.149 (0.54)	0.202 (0.72)
ROA	2.028 (1.04)	-2.677 (-1.43)
Growth	-0.112 (-0.71)	-0.188 (-1.36)
Turnover	-0.018 (-0.10)	-0.102 (-0.57)
MB	-0.072 (-0.73)	0.030 (0.33)
Top1	-0.002 (-0.45)	0.001 (0.18)
Indpr	0.123 (0.11)	0.739 (0.61)

续表

变量	(1)	(2)
	DMA	DMA
Pmnghld	0.159 (0.62)	0.489* (1.83)
截距	3.297 (1.45)	2.238 (1.00)
Year	已控制	已控制
Ind	已控制	已控制
样本量	1090	1090
Pseudo R^2	0.05	0.07

注：***、**、*分别表示1%、5%、10%的显著性水平；括号中输出的值为z值。

第六节 进一步分析

一、风险投资参与度分析

（一）风险投资持股比例

对被投资企业而言，风险投资在被投资企业的持股比例越高，一方面其对企业的监督治理作用也越大（袁蓉丽等，2014），从而能够更好地抑制管理层与股东之间的代理冲突以及大股东对中小股东的利益侵占动机；另一方面其也会最大限度地发挥其咨询功能来抑制管理层过度自信可能给企业带来的损失。毕竟持股比例越大，其对企业多元化并购失败带来的损失分担也越大。最终表现为风险投资的持股比例越高，被投资企业进行多元化并购的动机越小。因此，我们预测风险投资的持股比例越高，被投资企业越倾向于进行非多元化并购。具体的回归结果见表3-9。在表3-9中，解释变量风险投资持股比例（VC_share）以被投资企业中风险投资总持股比例（VC=1的条件下）衡量，其余控制变量和模型3-1相同。在表3-9中，我们发现VC_share系数为-0.019且在10%的水平下通过显著性检验，说明风险投资的持股比例越高，被投资企业越倾向于进行非多元化并购，这与我们的预测一致。

表 3-9　　风险投资持股比例回归结果

变量	(1)
	DMA
VC_share	-0.019* (-1.86)
LnSize	-0.241** (-2.58)
LEV	0.869* (1.76)
State	0.139 (0.53)
ROA	1.889 (1.01)
Growth	-0.108 (-0.70)
Turnover	-0.006 (-0.04)
MB	-0.054 (-0.56)
Top1	-0.002 (-0.43)
Indpr	-0.179 (-0.17)
Pmnghld	0.159 (0.64)
截距	3.412 (1.55)
Year	已控制
Ind	已控制
样本量	639
Pseudo R^2	0.05

注：***、**、*分别表示1%、5%、10%的显著性水平；括号中输出的值为z值。

（二）风险投资家数

从风险投资吸引资源功能来看，当被投资企业拥有多家风险投资时，其形成的社会关系网络会更广泛，这可以帮助被投资企业获取更多有关标的方的信息，从而抑制管理层因过度自信而盲目进行多元化并购的动机。从监督控制的角度来看，一方面，多家风险投资持股可能对管理层和大股东的监督控制更严格，从而缓解企业因代理冲突而盲目进行多元化并购的动机。另一方面，多家风险投资持股也可能存在风险投资搭便车的现象，使得风险投资的家数越多反而越不利于其对被投资企业进行监督治理，最终导致多家风险投资持股的企业更容易进行多元化并购。综上所述，我们事前不对风险投资持股家数与被投资企业多元化并购之间的关系进行预测。表 3 - 10 列示了具体的实证回归结果。在表 3 - 10 中，解释变量为风险投资家数（VC_js），该指标以投资于同一企业的风险投资总数（VC = 1 的条件下）衡量，其余控制变量和模型 3 - 1 相同。在表 3 - 10 中，我们发现 VC_js 系数为 - 0.119 且在 1% 的水平下通过显著性水平检验，说明风险投资家数越多，被投资企业越倾向于进行非多元化并购。

表 3 - 10　　风险投资家数回归结果

变量	(2)
	DMA
VC_js	-0.119*** (-2.61)
LnSize	-0.249*** (-2.66)
LEV	0.814* (1.66)
State	0.109 (0.41)
ROA	1.888 (1.00)
Growth	-0.114 (-0.74)
Turnover	-0.001 (-0.00)

续表

变量	(2)
	DMA
MB	-0.084 (-0.88)
Top1	-0.002 (-0.36)
Indpr	-0.264 (-0.25)
Pmnghld	0.162 (0.65)
截距	3.711* (1.69)
Year	已控制
Ind	已控制
样本量	639
Pseudo R^2	0.06

注：***、**、*分别表示1%、5%、10%的显著性水平；括号中输出的值为z值。

二、外部环境分析

（一）市场化水平

我们采用王小鲁等编制的《中国分省份市场化指数报告（2018）》中的市场化指数衡量市场化水平来进行分组检验。具体地，若公司当年市场化水平低于样本年度中位数，则作为市场化水平高组样本，反之则作为市场化水平低组样本。此外，由于《中国分省份市场化指数报告（2018）》列示的数据仅至2016年，对此，我们使用趋势分析法（三年滚动期）对2017~2018年的市场化指数进行了测算。具体实证回归结果见表3-11。在表3-11中，我们发现，在市场化水平较低的组中，VC系数为负且在1%的水平下通过显著性检验；但在市场化水平较高的组中，VC系数尽管为负却未通过显著性检验。这表明，风险投资在市场化水平程度较低的地区，更能降低被投资企业因代理冲突以及管理层过度自信而盲目进行多元化并购的动机。

表 3-11 市场化水平回归结果

变量	DMA	DMA
	市场化水平高组	市场化水平低组
VC	-0.171 (-1.16)	-0.553*** (-2.84)
LnSize	-0.371*** (-2.80)	-0.224 (-1.46)
LEV	0.926 (1.31)	1.175 (1.37)
State	-0.089 (-0.27)	-0.430 (-0.73)
ROA	1.050 (0.42)	5.181 (1.45)
Growth	-0.369* (-1.66)	0.205 (0.92)
Turnover	-0.047 (-0.19)	-0.026 (-0.09)
MB	-0.169 (-1.24)	-0.000 (-0.00)
Top1	-0.008 (-1.42)	0.007 (0.95)
Indpr	-0.706 (-0.54)	0.169 (0.09)
Pmnghld	-0.235 (-0.69)	0.329 (0.84)
截距	7.476** (2.54)	2.582 (0.78)
Year	已控制	已控制
Ind	已控制	已控制
样本量	530	638
Pseudo R^2	0.09	0.07

注：***、**、*分别表示1%、5%、10%的显著性水平；括号中输出的值为z值。

（二）市场竞争程度

当公司所在市场竞争程度越激烈，行业的成长性和利润率可能就越低，公司通过多元化并购进行转型的动机可能就会越强。而当公司所在市场竞争程度不高时，其在现有市场就能获得较高的利润，扩大公司在现有市场中的市场份额也是不错的选择，企业进行多元化并购的动机也更低。此时如果公司选择进行多元化并购，则可能是由于代理冲突和管理层过度自信引发的。因此，我们预测在市场竞争程度较低的样本组中，风险投资持股的企业进行多元化并购的可能性更低。为检验上述猜想，我们采用赫芬达尔指数衡量市场竞争程度并进行分组检验，具体为公司主营业务收入占其所在行业市场份额的比例。具体地，若公司当年主营业务收入占其所在行业市场份额的比例低于样本年度中位数，则作为市场竞争程度高组样本，反之则作为市场竞争程度低组样本，具体实证回归结果见表3－12。在表3－12中，我们发现，在市场竞争程度较低的组中，VC系数为负且在10%的水平下通过显著性检验；但在市场竞争程度较高组中，VC系数尽管为负却未通过显著性检验，以上结论验证了我们的猜想。

表3－12　市场竞争程度回归结果

变量	DMA	DMA
	市场竞争程度高组	市场竞争程度低组
VC	－0.201 （－1.30）	－0.317* （－1.93）
LnSize	－0.236 （－1.59）	－0.252** （－2.03）
LEV	0.202 （0.29）	1.095 （1.56）
State	－0.380 （－1.00）	0.547 （1.43）
ROA	－0.423 （－0.15）	1.853 （0.68）
Growth	0.001 （0.00）	－0.188 （－0.81）

续表

变量	DMA	DMA
	市场竞争程度高组	市场竞争程度低组
Turnover	0.524 (1.15)	-0.170 (-0.83)
MB	-0.073 (-0.58)	-0.168 (-1.02)
Top1	-0.005 (-0.76)	-0.000 (-0.08)
Indpr	-0.004 (-0.00)	-0.618 (-0.41)
Pmnghld	-0.032 (-0.08)	0.237 (0.68)
截距	4.929 (1.43)	4.113 (1.40)
Year	已控制	已控制
Ind	已控制	已控制
样本量	595	595
Pseudo R^2	0.07	0.09

注：***、**、*分别表示1%、5%、10%的显著性水平；括号中输出的值为z值。

三、作用机理分析

本部分内容我们将进一步探讨风险投资对企业多元化并购影响的作用机理。在研究假设中，我们认为风险投资可能通过以下两个方面降低被投资企业进行多元化并购的动机：（1）风险投资具有监督治理作用，这能够降低代理冲突，从而缓解管理层及大股东利用多元化并购进行利益侵占的动机。（2）风险投资具有吸引资源功能和咨询功能，这能够为被投资企业提供有关标的方更全面深入的信息，尤其是负面信息，从而降低管理层因过度自信而盲目进行多元化并购的动机。因此，对于作用机理的检验，我们将分别从缓解代理冲突和抑制管理层过度自信两个方面展开，其中代理冲突包括管理层与股东之间的代理冲突，即第一类代理冲突以及大股东和中小股东之间的代理冲突即第二类代理冲突。具体的检验过程如下。

(一) 缓解代理冲突

借鉴肖作平和陈德盛（2006）的研究，我们选择总资产周转率作为第一类代理冲突——所有者与管理者之间代理成本的衡量指标进行分组检验。具体地，若公司当年总资产周转率低于样本年度中位数，则作为代理冲突高组样本，反之则作为代理冲突低组样本，具体实证回归结果见表 3 - 13。在表 3 - 13 中，我们发现，在第一类代理问题较高的组中，VC 系数为负且在 1% 的水平下通过显著性检验；但在第一类代理问题较低组中，VC 系数尽管为负却未通过显著性检验。这表明，风险投资监督治理职能的发挥能够降低被投资企业管理层为满足私人利益而推动企业盲目进行多元化并购的动机。

表 3 - 13　　缓解第一类代理冲突回归结果

变量	DMA	DMA
	代理冲突高组	代理冲突低组
VC	-0.463*** (-2.95)	-0.105 (-0.56)
LnSize	-0.245* (-1.83)	-0.430*** (-2.66)
LEV	0.387 (0.63)	0.901 (1.26)
State	0.493 (1.21)	-0.109 (-0.28)
ROA	1.063 (0.39)	0.075 (0.03)
Growth	-0.049 (-0.22)	0.004 (0.02)
MB	0.025 (0.20)	-0.228 (-1.37)
Top1	0.004 (0.65)	-0.008 (-1.13)
Indpr	0.698 (0.48)	-2.190 (-1.34)

续表

变量	DMA	DMA
	代理冲突高组	代理冲突低组
Pmnghld	0.426 (1.27)	-0.346 (-0.76)
截距	5.314 (1.63)	9.494** (2.43)
Year	已控制	已控制
Ind	已控制	已控制
样本量	617	541
Pseudo R^2	0.09	0.07

注：***、**、*分别表示1%、5%、10%的显著性水平；括号中输出的值为z值。

借鉴杨威等（2019）的研究，我们选择第一大股东持股比作为第二类代理冲突——大股东与中小股东之间代理成本的衡量指标进行分组检验。具体地，在分组时，若公司当年第一大股东持股比例高于样本年度中位数，则作为代理冲突高组样本，反之则作为代理冲突低组样本。具体实证回归结果见表3-14。在表3-14中，我们发现，在第二类代理问题较高的组中，VC系数为负且在5%的水平下通过显著性检验；但在第二类代理问题较低组中，VC系数尽管为负却未通过显著性检验。这表明，风险投资监督治理功能的发挥能够有效降低被投资企业大股东对中小股东的利益侵占动机，从而降低被投资企业盲目进行多元化并购的动机。

表3-14　　缓解第二类代理冲突回归结果

变量	DMA	DMA
	代理冲突高组	代理冲突低组
VC	-0.370** (-2.28)	-0.123 (-0.78)
LnSize	-0.366** (-2.41)	-0.131 (-1.07)
LEV	1.052 (1.50)	0.822 (1.30)
State	0.500 (1.27)	-0.141 (-0.34)

续表

变量	DMA	DMA
	代理冲突高组	代理冲突低组
ROA	1.481 (0.62)	3.765 (1.40)
Growth	-0.195 (-0.86)	-0.023 (-0.11)
Turnover	-0.089 (-0.41)	0.095 (0.36)
MB	-0.093 (-0.66)	-0.036 (-0.28)
Indpr	-1.315 (-0.84)	1.154 (0.86)
Pmnghld	-0.319 (-0.94)	0.638 (1.53)
截距	6.433* (1.85)	0.080 (0.03)
Year	已控制	已控制
Ind	已控制	已控制
样本量	582	584
Pseudo R^2	0.07	0.07

注：***、**、*分别表示1%、5%、10%的显著性水平；括号中输出的值为z值。

（二）抑制管理层过度自信

借鉴姜付秀等（2009）的研究，我们以前三名高管薪酬之和占全部高管薪酬总和的比重作为管理层过度自信的衡量指标进行分组检验。具体地，若公司当年前三名高管薪酬之和占高管薪酬总和的比重高于样本年度中位数，则作为管理层过度自信高组样本；反之则作为管理层过度自信低组样本，具体实证回归结果见表3-15。在表3-15中，我们发现，在管理层过度自信较高的组中，VC系数为负且在5%的水平下通过显著性检验；但在管理层过度自信较低的组中，VC系数尽管为负却未通过显著性检验。这表明，风险投资吸引资源功能以及咨询功能的发挥能够有效抑制被投资企业管理层因过度自信而盲目进行多元化并购的动机。

表 3 – 15　　　　　　　　抑制管理层过度自信回归结果

变量	DMA 管理层过度自信高组	DMA 管理层过度自信低组
VC	-0.395** (-2.57)	-0.118 (-0.69)
LnSize	-0.261* (-1.94)	-0.243** (-1.99)
LEV	0.960 (1.41)	0.577 (0.83)
State	0.552 (1.41)	-0.295 (-0.81)
ROA	-0.578 (-0.23)	3.214 (0.99)
Growth	0.055 (0.26)	-0.206 (-0.90)
Turnover	0.064 (0.29)	-0.048 (-0.15)
MB	0.014 (0.12)	-0.304 (-1.52)
Top1	0.001 (0.19)	-0.006 (-1.07)
Indpr	1.093 (0.85)	-2.992 (-1.55)
Pmnghld	0.116 (0.33)	0.399 (0.92)
截距	4.677 (1.62)	5.725* (1.89)
Year	已控制	已控制
Ind	已控制	已控制
样本量	533	585
Pseudo R^2	0.06	0.07

注：***、**、*分别表示1%、5%、10%的显著性水平；括号中输出的值为z值。

四、本章小结

在我国资本市场上，普遍存在着多元化折价现象，因此探究多元化并购的影响因素对提高企业并购效率有重要意义。不同于以往的研究，本章内容从风险投资视角考察了风险投资对企业多元化并购的影响及作用机理。研究发现，相比无风险投资持股的企业，有风险投资持股的企业更倾向于进行非多元化并购。采用 Heckman 两阶段回归、PSM 分析以及其他稳健性检验方法进行检验后，上述结论依然成立。进一步研究发现：（1）从风险投资的参与度视角来看，风险投资的参与度越高，被投资企业越倾向于进行非多元化并购。其中参与度我们通过持股比例和持股家数两个指标衡量。（2）从外部环境视角来看，在市场化水平（宏观层面）以及市场竞争程度（行业层面）较低的地区，相比无风险投资持股的企业，有风险投资持股的企业更倾向于进行非多元化并购。（3）作用机理分析发现：从多元化并购动因之代理理论角度来看，风险投资能够缓解股东与管理层之间以及大股东与中小股东之间的代理冲突，从而降低企业盲目进行多元化并购的行为。从多元化并购动因之自大假说角度来看，风险投资能够通过抑制管理层过度自信，从而降低企业盲目进行多元化并购的行为。

第四章　风险投资持股与并购支付方式

第一节　引　　言

并购支付方式是企业并购过程中最后一环也是最为重要的一环，它会对并购方的资本结构以及并购双方企业控制力对比产生重要影响，一直是并购双方谈判关注的焦点，关于并购支付方式影响因素的研究更是受到了学者们广泛地关注。在理论界，国内外学者研究发现并购双方的信息不对称程度及并购方所面临的融资约束问题对并购方并购支付方式的选择有重要影响（Hansen，1987；Faccio 和 Masulis，2005；苏文兵等，2009；Alshwer 等，2011；杨志海和赵立彬，2012；李井林等，2014；葛伟杰等，2014；Brune 等，2015；陈佳琪等，2020）。作为专业投资者，学者们普遍认为风险投资对被投资企业具有增值效应。国内外学者比较一致的看法是风险投资增值效应的来源主要包括以下四种：认证功能（Megginson 和 Weiss，1991；吴超鹏等，2012；陈思等，2017）、监督治理功能（Lerner，1995；Kaplan 和 Strömberg，2004；Hellmann 和 Puri，2002；吴超鹏等，2012；吴超鹏和张媛，2017；李曜和宋贺，2017）、吸引资源功能（Barry 等，1990；Kaplan 和 Strömberg，2001；Hochberg 等，2007；蔡宁和何星，2015）以及咨询功能（Cumming 和 Johan，2007；李曜和宋贺，2017；李善民等，2019）。研究发现风险投资持股能够降低被投资企业的信息不对称程度以及缓解企业所面临的融资约束问题。那么，在企业并购重组活动中，风险投资对被投资企业并购支付方式有影响吗？风险投资的特征以及企业所处的外部环境差异对被投资企业并购支付方式的影响有差异吗？它们之间的作用机理是什么？

基于此，本章内容以 2014～2018 年首次 IPO 的 A 股上市公司作为主并方的并购事件为基础样本，通过实证分析检验风险投资持股对企业并购支付方式的影响。研究发现，相比无风险投资持股的企业，有风险投资持股的企业更倾向于选择现金支付方式。采用 Heckman 两阶段回归、PSM 分析以及其他稳健性检验方法进行检验后，上述结论依然成立。进一步研究发现，风险投资的参与度越高，被投资企业越倾向于选择现金支付方式，其中参与度我们通过持股比例和持股家数两个指标衡量。从外部环境视角来看，在市场化水平（宏观层面）较低的地区以及市场竞争程度（行业层面）较高的地区，相比无风险投资持股的企业，有风险投资持股的企业选择现金支付方式的概率更高。作用机理分析发现，从信息不对称角度来看，风险投资能够通过降低并购双方的信息不对称程度，从而降低被投资企业出于风险共担目的而选择股票支付的动机，提高其选择现金支付方式的概率。从融资角度来看，风险投资能够通过缓解被投资企业在并购过程中面临的融资约束问题，从而提高其选择现金支付方式的概率。

本章的边际贡献主要有：（1）将风险投资作为企业并购支付方式的影响因素进行考察，不仅拓展了企业并购支付方式影响因素的相关研究，而且丰富了风险投资对企业并购战略决策影响的研究文献。现有文献关于风险投资对企业并购的影响主要关注了风险投资持股对企业并购绩效的影响以及风险投资持股对企业异地并购的影响（李曜和宋贺，2017；李善民等，2019；董静和余婕，2021），尚未有人关注风险投资持股对企业并购支付方式的影响。我们将风险投资对企业并购战略决策的研究拓展到并购支付方式这一细分领域，是一次新的尝试。（2）本章的研究结果表明，风险投资增值效应的发挥能够通过降低并购双方之间的信息不对称程度并缓解企业并购过程中所面临的融资约束问题，从而提高企业选择现金支付方式的概率，提高企业的并购决策效率。这可以为上市公司优化并购决策以及政府和各监管部门积极推进风险投资行业健康发展提供经验证据。

第二节　理论分析与假设提出

从信息不对称角度分析，当并购方与目标企业之间的信息不对称程度较高时，并购方出于风险共担的动机往往选择股票支付方式以降低并购风险。从融资约束角度分析，并购方与市场其他投资者之间的信息不对称往往使企业面临融资约束问题。按照优序融资理论，在企业并购时，并购方管理层为使并购融资成本最低，应该首先使用自有资金进行支付，不足部分再考虑举债支付和发行股票支付。因此，当并购方存在融资约束时，其更倾向于选择现金支付方式（杨志海和赵立彬，2012；Brune 等，2015）。但是，从另一角度考虑，也是由于信息不对称问题的存在，出于预防性动机和投机性动机的考虑，并购方为保持自身的流动性往往选择保留较多的流动资产。因此，在并购时，面临融资约束的公司反而更倾向于选择股票支付方式（Faccio 和 Masulis，2005；连玉君等，2010；Alshwer 等，2011；李井林等，2014；葛伟杰等，2014；陈佳琪等，2020）。

从风险共担的角度分析，风险投资吸引资源功能以及咨询功能的发挥能够帮助被投资企业掌握标的方的更多信息，从而降低被投资企业与标的方之间的信息不对称程度。（1）风险投资具有吸引资源功能，它能够利用自身资源能力吸引投资银行、商业银行、律师事务所、会计师事务所以及其他风险投资共同建立社会关系网络（Barry 等，1990；Hochberg 等，2007）。社会关系网络具有信息传播功能（Ellison 和 Fudenberg，1995），关于企业并购的相关信息在关系网络中传播，可以帮助被投资企业对标的方的资产、利润、现金流和战略等财务和非财务信息进行更全面细致的分析和判断，使并购方掌握更多标的方信息。（2）风险投资具有咨询功能，作为专业机构投资者，它自身拥有大量专业人才和投资经验，往往具有较为充足的专业能力并具备与企业家不同的知识背景和相关技能。在帮助上市公司实施并购过程中，风险投资能够利用其异质性知识和经验，发挥其专业能力，为被投资企业获取关于投资标的更隐秘的软信息（Kaplan 和 Strömberg，2001）。而被投资企业与标的方之间信息不对称程度的降低，可以抑制并购方出于风险共担动机而选择股票支付的动机，从而提高被投资企业选择现金支付的概率。

从融资约束角度分析，风险投资认证功能、监督治理功能以及吸引资源功能的发挥能够降低被投资企业与外部其他投资者之间的信息不对称程度。首先，风险投资具有认证功能，它可以向外部传递有关企业真实价值的可靠信息，具有信号传递作用，这能够降低被投资企业（并购方）与外部投资者之间的信息不对称程度（Megginson 和 Weiss，1991）。其次，风险投资具有监督治理功能，它对被投资企业的监督治理能够降低被投资企业的盈余管理程度并完善被投资企业的信息披露质量，从而降低被投资企业与其他投资者之间的信息不对称程度（Baker 和 Gompers，2003；Ball 和 Shivakumar，2006；权小锋和徐星美，2017）。最后，风险投资具有吸引资源功能，它能够与投资银行、商业银行、律师事务所、会计师事务所以及其他风险投资共同建立社会关系网络（Barry 等，1990；Hochberg 等，2007）。社会关系网络具有信息传播功能（Ellison 和 Fudenberg，1995），关于企业并购的相关信息在关系网络中传播，这能够降低被投资企业与外部投资者之间的信息不对称程度。信息不对称程度的降低可以改善被投资企业的外部融资环境（吴超鹏等，2012），缓解企业融资约束困境，降低企业出于预防性动机和投机性动机而保留较多流动资产的动机，从而提高企业选择现金支付方式的概率。基于以上分析，我们提出假设 4－1。

假设 4－1：相比无风险投资持股企业，有风险投资持股的企业在并购时更倾向于选择现金支付方式

第三节　研究设计

一、样本选择与数据来源

本书首先从 WIND 数据库获取 2014～2018 年首次 IPO 的 A 股上市公司作为主并方的并购事件，然后，按以下标准对样本进行进一步处理：（1）保留交易最新进度为完成、过户或者实施的并购事件；（2）对于同一年度对同一标的进行的多次并购事件将其合并至首起并购事件，作为一起并购事件处理；对于不同年度对同一标的进行的多次并购事件将其视为多起并购事件处理；（3）剔除交易双方有一方所在行业为金融行业的上市公司；（4）剔除被 ST 的上市公司；（5）剔除关键变量数据缺失的上市公司；（6）为了消除极端值可能对结果造成的影响，对所有连续变量进行了上下各 1% 的缩尾处理。经过上述筛选，最终得到可用于实证分析的 1289 个公司年度观测样本。此外，研究所需的风险投资数据来自 CVSOURCE 数据库，并购事件相关信息来自 WIND 数据库，制度环境数据来自王小鲁等编制的《中国分省份市场化指数报告(2018)》的市场化指数，其他研究所需的数据均来自国泰安数据库。

二、模型设计与变量定义

（一）模型设计

根据研究目的，我们设置了 Logistic 回归模型 4－1 用于检验假设 4－1，具体模型设定如下：

$$\begin{aligned}\mathrm{Pay}_{i,t} = {} & \alpha_0 + \alpha_1 \mathrm{VC}_{i,t} + \alpha_2 \mathrm{LnSize}_{i,t} + \alpha_3 \mathrm{LEV}_{i,t} + \alpha_4 \mathrm{State}_{i,t} + \alpha_5 \mathrm{ROA}_{i,t} + \\ & \alpha_6 \mathrm{Growth}_{i,t} + \alpha_7 \mathrm{Turnover}_{i,t} + \alpha_8 \mathrm{MB}_{i,t} + \alpha_9 \mathrm{Top1}_{i,t} + \\ & \alpha_{10} \mathrm{Indpr}_{i,t} + \alpha_{11} \mathrm{Pmnghld}_{i,t} + \mathrm{Year} + \mathrm{Ind} + \varepsilon_{i,t} \end{aligned} \quad (4-1)$$

（二）变量定义

（1）被解释变量——并购支付方式（Pay）。该变量为虚拟变量，若上市公司在报告期发生的并购事件全部以现金为对价进行支付，则 Pay 取值为 1，否则为 0。

（2）解释变量——风险投资（VC），表示上市公司报告期内是否有风险投资持股，该变量为虚拟变量。若上市公司在报告期内有风险投资持股，则 VC 取值 1，否则为 0。在判断一家公司是否有风险投资持股时，借鉴董静等(2017）以及胡刘芬和周泽将（2018）的研究，我们按照以下标准进行认定：(1）风险投资的性质为 PE－Growth 或者 VC－Serise（投资轮次包括 A 轮、B 轮、C 轮、D 轮和 E 轮），且投资时点在公司 IPO 之前。(2）从国泰安数据库下载上市公司十大股东名录，将该名录与 CVSOURCE 数据库中获取的投资机构名录进行匹配，若前十大股东中至少有一家为风险投资或风险投资基金，则认定该上市公司具有风险投资持股背景。

（3）控制变量。参考相关文献，本书还对如下变量进行了控制：资产规模(LnSize)、资产负债率（LEV）、产权性质（State）、总资产收益率（ROA）、净利润增长率（Growth）、营运能力（Turnover）、市账比（MB）、股权集中度(Top1)、独立董事占比（Indpr）以及管理层持股比例（Pmnghld），同时我们还控制了年度（Year）和行业效应（Ind）。具体变量描述及定义见表4-1。

表4-1　　变量描述及定义

变量类型	变量名称	变量符号	变量定义
被解释变量	支付方式	Pay	虚拟变量，若上市公司在报告期发生的并购事件全部以现金为对价进行支付，则Pay取值为1，否则为0
解释变量	风险投资	VC	虚拟变量，若上市公司有风险投资持股取值1，否则为0
控制变量	公司规模	LnSize	期末资产总额取自然对数
	资产负债率	LEV	期末总资产/期末总负债
	产权性质	State	虚拟变量，若为国有企业取值1，否则为0
	总资产收益率	ROA	净利润×2/(期初总资产+期末总资产)
	净利润增长率	Growth	(期末净利润-上期末净利润)/上期末净利润
	营运能力	Turnover	营业总收入×2/(期初总资产+期末总资产)
	市账比	MB	市场价值与账面价值之比
	股权集中度	Top1	第一大股东持股比例
	独立董事占比	Indpr	独立董事人数占董事会人数的比例
	管理层持股比例	Pmnghld	管理层持股数量/总股本
	年度	Year	年度效应
	行业	Ind	行业效应，按照证监会行业分类2012年版划分

第四节　实证分析

一、描述性统计

表4-2列示了各变量的描述性统计结果。其中，Panel A列示了全样本描述性统计结果，Panel B列示了各变量均值差异T检验结果。从Panel A结果来看，并购支付方式（Pay）的平均值为0.86，说明2014~2018年上市的公司进行的并购事件中约有86%的公司选择现金作为并购支付方式。VC的平均值为0.54，说明在所有并购事件中，风险投资参与被投资企业并购事件的比例

达到了54%，这意味着公司上市后仍有相当数量的风险投资并未退出被投资企业，他们选择继续持有上市公司股份并参与被投资企业的并购活动。

在控制变量方面，LnSize 的平均值为 21.62，中位数为 21.45，中位数小于平均值，说明多数样本公司规模偏小。LEV 的平均值为 0.38，但是最大值为0.78，说明部分样本公司负债水平较高，而 LEV 的中位数为 0.38，平均值与中位数持平，说明样本公司负债水平分布比较均匀。State 的平均值为 0.06，说明样本公司中国有企业占样本总体的6%，这也比较符合我国的基本国情。ROA 的平均值为 0.06，ROA 的中位数为 0.06，平均值与中位数持平，说明样本公司总资产收益率分布比较均匀。Growth 的最小值为 -0.07，Growth 的最大值为2.57，说明部分样本公司在上市后成长性较差，而部分样本公司却依旧保持了快速增长。整体来看，Growth 的均值为 0.46，中位数为 0.34，说明样本公司普遍保持着良好的成长性。Turnover 的平均值为 0.61，中位数为 0.50，中位数小于平均值，说明有一半以上的样本公司总资产周转率偏低。MB 最小值为 1.01，最大值为 5.18，说明样本公司账面价值和市场价值存在较大差别，MB 最小的样本公司市场价值几乎与账面价值持平，MB 最大的样本公司市场价值却是账面价值的 5 倍之多。Top1 的平均值为 38.53，说明我国上市公司一股独大的现象比较普遍；同时，Top1 的最大值为 76.39，最小值为 9.50，标准差为 14.00，说明我国上市公司第一大股东持股比例存在较大差异，波动性较大，而第一大股东持股比例越高，大股东侵占中小股东利益的行为发生的概率可能更大。Indpr 平均值为 0.38，中位数为 0.33，中位数小于平均值，说明多数样本公司独立董事占比较小。Pmnghld 最小值为 0.00，最大值为 0.71，说明样本公司之间管理层持股比例存在较大差别，管理层持股比例越高，管理层与股东之间的代理冲突可能越大，他们可能为满足私人利益而盲目并购一些与企业战略目标不一致（互补）的并购标的。此外，除 Top1 之外，其他变量的标准差均小于 1，主要变量的描述性统计无异常。

从 Panel B 结果来看，有风险投资持股企业的 Pay 样本均值为 0.88，无风险投资持股企业的 Pay 样本均值为 0.83，有风险投资持股企业的 Pay 样本均值高于无风险投资持股企业的样本均值，且在5%水平下通过显著性检验。说明有风险投资持股的企业在并购时选择现金支付方式的概率更高。初步证明了假设 4-1 成立。此外，从其他控制变量的均值 T 检验结果来看，有风险投资持股企业的 LnSize 样本均值为 21.51，无风险投资持股企业的 LnSize 样本均值为 21.73，有风险投资持股企业的 LnSize 样本均值低于无风险投资持股企业的样本均值，且在 1% 水平下通过显著性检验。说明风险投资持股的企业公司规模相对更小。有风险投资持股企业的 LEV 样本均值为 0.37，无风险投资持股企业的 LEV 样本均值为 0.40，有风险投资持股企业的 LEV 样本均值低于无风险投资持股企业的样本均值，且在 1% 水平下通过显著性检验。说明风险投资持股的企业公司资产负债率水平相对更低。有风险投资持股企业的 ROA 样本均值为 0.06，无风险投资持股企业的 ROA 样本均值为 0.06，有风险投资持股企业的 ROA 样本均值高于无风险投资持股企业的样本均值，且在 10% 水平下通过显著性检验。说明风险投资持股的企业总资产收益率相对更高。有风险投资持股企业的 MB 样本均值为 1.99，无风险投资持股企业的 MB 样本均值为 1.83，有风险投资持股企业的 MB 样本均值高于无风险投资持股企业的样本均值，且在 1% 水平下通过显著性检验。说明风险投资持股的企业市账比更高。有风险投资持股企业的 Top1 样本均值为 36.87，无风险投资持股企业的 Top1 样本均值为 39.39，有风险投资持股企业的 Top1 样本均值低于无风险投资持股企业的样本均值，且在 1% 水平下通过显著性检验。说明风险投资持股的企业第一大股东持股比相对更低。有风险投资持股企业的 Indpr 样本均值为 0.38，无风险投资持股企业的 Indpr 样本均值为 0.38，有风险投资持股企业的 Indpr 样本均值高于无风险投资持股企业的样本均值，且在 10% 水平下通过显著性检验。说明风险投资持股的企业独立董事占比相对更高。Top1 和 Indpr 数据综合说明相比无风险投资持股的企业，有风险投资持股的企业公司治理水平可能更高。

表 4-2　　变量描述性统计

Panel A：全样本描述性统计

变量	样本量	平均值	标准差	中位数	最小值	最大值
Pay	1289	0.86	0.35	1.00	0.00	1.00
VC	1289	0.54	0.50	1.00	0.00	1.00
LnSize	1289	21.61	0.96	21.45	20.07	25.43
LEV	1289	0.38	0.17	0.38	0.06	0.78
State	1289	0.06	0.24	0.00	0.00	1.00

续表

Panel A：全样本描述性统计						
变量	样本量	平均值	标准差	中位数	最小值	最大值
ROA	1289	0.06	0.04	0.06	-0.03	0.17
Growth	1289	0.46	0.46	0.34	-0.07	2.57
Turnover	1289	0.61	0.39	0.50	0.13	2.35
MB	1289	1.92	0.82	1.67	1.01	5.18
Top1	1289	38.03	14.00	36.83	9.50	76.39
Indpr	1289	0.38	0.05	0.36	0.33	0.57
Pmnghld	1289	0.29	0.22	0.31	0.00	0.71

Panel B：变量均值差异 T 检验						
变量	无 VC 组		有 VC 组		均值差异	T 值
	样本数	均值	样本数	均值		
Pay	592	0.83	697	0.88	-0.05**	-2.56
LnSize	592	21.73	697	21.51	0.22***	4.08
LEV	592	0.40	697	0.37	0.03***	2.69
State	592	0.05	697	0.07	-0.02	-1.26
ROA	592	0.06	697	0.06	-0.00*	-1.69
Growth	592	0.45	697	0.46	-0.02	-0.61
Turnover	592	0.59	697	0.62	-0.03	-1.22
MB	592	1.83	697	1.99	-0.16***	-3.45
Top1	592	39.39	697	36.87	2.52***	3.23
Indpr	592	0.38	697	0.38	0.01*	1.82
Pmnghld	592	0.28	697	0.30	-0.02	-1.54

注：***、**、*分别表示1%、5%、10%的显著性水平。

二、相关性分析

表4-3列示了各变量的相关性分析结果，下三角列示的是 Pearson 相关系数，上三角列示的是 Spearman 相关系数。从 Pearson 相关系数来看，解释变量 VC 与被解释变量 Pay 之间的相关系数为 0.07，且在 5% 水平下通过显著性检验，说明相比无风险投资持股的企业，有风险投资持股的企业选择现金支付方式的概率更高，初步验证了假设4-1。此外，控制变量 ROA 与被解释变量

表 4－3　　相关系数

变量	Pay	VC	LnSize	LEV	State	ROA	Growth	Turnover	MB	Top1	Indpr	Pmnghld
Pay	1	0.07**	0.00	-0.01	-0.04	0.12***	0.01	0.13***	-0.01	-0.01	-0.00	0.02
VC	0.07**	1	-0.09***	-0.07***	0.04	0.05*	0.05*	0.03	0.05*	-0.09***	-0.03	0.03
LnSize	-0.01	-0.11***	1	0.58***	0.14***	-0.21***	0.09***	0.04	-0.53***	0.10***	-0.07***	-0.21***
LEV	-0.00	-0.07***	0.59***	1	0.03	-0.44***	0.19***	0.12***	-0.40***	0.05*	-0.05*	-0.11***
State	-0.04	0.04	0.26***	0.05	1	-0.06**	-0.18***	-0.10***	-0.14***	0.10***	-0.04	-0.28***
ROA	0.11***	0.05*	-0.18***	-0.43***	-0.05*	1	0.03	0.29***	0.37***	0.08***	0.05*	0.11***
Growth	-0.08***	0.02	0.05*	0.06**	-0.14***	-0.03	1	-0.14***	0.03	-0.03	0.00	0.11***
Turnover	0.08***	0.03	0.02	0.14***	-0.10***	0.17***	-0.17***	1	-0.05*	0.06**	0.01	0.01
MB	-0.03	0.10***	-0.40***	-0.37***	-0.10***	0.40***	-0.01	-0.07***	1	-0.10***	-0.04	0.12***
Top1	-0.00	-0.09***	0.24***	0.11***	0.14***	0.05	-0.04	0.05*	-0.16***	1	0.12***	-0.17***
Indpr	-0.02	-0.05*	-0.06**	-0.06**	-0.07**	0.02	-0.00	0.01	-0.06**	0.13***	1	0.03
Pmnghld	0.02	0.04	-0.26***	-0.12***	-0.26***	0.12***	0.11***	-0.02	0.08***	-0.20***	0.03	1

注：***、**、*分别表示1%、5%、10%的显著性水平；下三角报告 Pearson 相关系数，上三角报告 Spearman 相关系数。

Pay 之间的相关系数为 0.11，且在 1% 水平下通过显著性检验，说明当企业总资产收益率越高时，企业选择现金支付方式的概率越高。控制变量 Growth 与被解释变量 Pay 之间的相关系数为 -0.08，且在 1% 水平下通过显著性检验。说明当企业成长性越好时，企业选择现金支付方式的概率越低。控制变量 Turnover 与被解释变量 Pay 之间的相关系数为 0.08，且在 1% 水平下通过显著性检验。说明当企业总资产周转率越快时，企业选择现金支付方式的概率越高。Pearson 相关系数结果基本和 Spearman 相关系数显著性一致。此外，各个变量间的相关系数最大值为 0.59，说明模型不存在严重的多重共线性问题，模型设置较为合理。

三、回归结果分析

表 4-4 列示了假设 4-1 的实证回归结果，第（1）列列示了风险投资持股与被投资企业并购支付方式选择之间的单变量回归结果。其中，VC 的系数为 0.199，且在 5% 的水平下通过显著性检验，说明有风险投资持股的企业在并购时选择现金支付方式的概率比无风险投资持股的企业高 22.02%（$e^{0.199}-1=0.2202$）。即相比无风险投资持股的企业，有风险投资持股的企业在并购时选择现金支付方式的概率更高，初步验证了假设 4-1 成立。第（2）列报告了加入控制变量后，风险投资持股与被投资企业并购支付方式选择之间的回归结果。其中，VC 的系数为 0.219，且在 5% 的水平下通过显著性检验，说明有风险投资持股的企业在并购时选择现金支付方式的概率比无风险投资持股的企业高 24.48%（$e^{0.219}-1=0.2448$）。即相比无风险投资持股的企业，有风险投资持股的企业在并购时选择现金支付方式的概率更高，假设 4-1 成立。从控制变量来看，LnSize 显著为负，且在 10% 水平下通过显著性检验，说明当公司的规模越大时，公司在并购时选择现金支付方式的概率越低。State 显著为负，且在 5% 水平下通过显著性检验，说明当公司产权性质为国有企业时，公司在并购时选择现金支付方式的概率越低。Growth 显著为负，且在 10% 水平下通过显著性检验，说明当公司的成长性越好时，公司在并购时选择现金支付方式的概率越低。ROA 显著为正，且在 1% 水平下通过显著性检验，说明当公司总资产净利率越高时，公司在并购时选择现金支付方式的概率越高。MB 显著为负，且在 1% 水平下通过显著性检验，说明当公司市场价值相对账面价

值越高时，公司在并购时选择现金支付方式的概率越低。

表 4-4　　风险投资与并购支付方式回归结果

变量	(1)	(2)
	Pay	Pay
VC	0.199** (2.24)	0.219** (2.34)
LnSize		-0.128* (-1.68)
LEV		0.554 (1.43)
State		-0.470** (-2.24)
ROA		7.300*** (4.30)
Growth		-0.241** (-2.39)
Turnover		0.126 (0.93)
MB		-0.212*** (-3.05)
Top1		-0.001 (-0.26)
Indpr		-0.646 (-0.74)
Pmnghld		0.118 (0.53)
截距	0.457 (0.66)	2.790 (1.59)
Year	已控制	已控制
Ind	已控制	已控制
样本量	1269	1269
Pseudo R^2	0.02	0.06

注：***、**、*分别表示1%、5%、10%的显著性水平；括号中输出的值为z值。

第五节 稳健性检验

一、Heckman 两阶段回归

风险投资与被投资企业并购支付方式之间的关系可能存在内生性问题。那些被风险投资选择的企业可能其本身在并购时选择现金支付的可能性就高，并不是由于风险投资持股所引起的，这使得样本存在选择性偏误，我们采用 Heckman 两阶段回归处理内生性问题可能对实证结果带来的不利影响。借鉴相关文献，在第一阶段，我们选择公司规模（LnSize）、产权性质（State）、资产负债率（LEV）、总资产收益率（ROA）、净利润增长率（Growth）、营运能力（Turnover）、市账比（MB）、股权集中度（Top1）、独立董事占比（Indpr）、管理层持股比例（Pmnghld）、是否属于高新技术行业（HT）以及公司注册地是否属于风险投资发达地区（VC_develop）作为参与方程进行回归。其中，VC_develop 为虚拟变量，由于我国风险投资多分布在北京、上海、广东、江苏和浙江五个地方，因此若上市公司注册地在以上五个地方，则取值 1，否则为 0。将回归得到的逆米尔斯比率（Lambda）加入模型 4 - 1 重新进行回归，回归结果见表 4 - 5。在表 4 - 5 中，第（1）列列示了 Heckman 第一阶段的回归结果，第（2）列列示了对应的第二阶段的回归结果。在第（2）列中，VC 的系数为 0.184，且在 10% 水平下通过显著性检验，说明相比无风险投资持股的企业，有风险投资持股的企业在并购时选择现金支付方式的概率更高。以上回归结果再次验证了假设 4 - 1 成立。

表 4 - 5　　　　Heckman 两阶段回归结果

变量	(1)	(2)
	VC	Pay
VC		0.184* (1.94)
LnSize	-0.158*** (-2.59)	-0.029 (-0.35)

续表

变量	(1)	(2)
	VC	Pay
LEV	-0.150 (-0.47)	0.825** (2.03)
State	0.395** (2.05)	-0.756*** (-3.27)
ROA	-0.893 (-0.67)	7.865*** (4.61)
Growth	0.149* (1.77)	-0.346*** (-3.25)
Turnover	0.183 (1.46)	-0.010 (-0.06)
MB	0.128** (2.16)	-0.317*** (-4.07)
Top1	-0.002 (-0.74)	0.001 (0.14)
Indpr	-1.057 (-1.45)	0.195 (0.22)
Pmnghld	0.185 (1.05)	-0.025 (-0.11)
HT	0.192* (1.79)	
VC_develop	-0.110 (-1.29)	
Lambda		-1.193*** (-3.09)
截距	4.522*** (3.10)	0.853 (0.47)
Year	已控制	已控制
Ind	已控制	已控制
样本量	1287	1269
Pseudo R^2	0.08	0.07

注：***、**、*分别表示1%、5%、10%的显著性水平；括号中输出的值为z值。

二、PSM 分析

除了 Heckman 两阶段回归外，我们还采用 PSM 分析缓解内生性问题。我们首先用风险投资（VC）作为被解释变量，加入模型 4-1 中的控制变量，利用 Logistic 回归估计出样本获得风险投资的倾向得分，然后利用倾向得分对样本进行半径匹配。匹配后的样本平衡性检验见表 4-6。在表 4-6 中，我们发现在进行 PSM 半径匹配之前，有风险投资持股的企业（处理组）与无风险投资持股的企业（控制组）之间在资产规模（LnSize）、资产负债率（LEV）、总资产净利率（ROA）、市账比（MB）、第一大股东持股比（Top1）以及独立董事占比（Indpr）方面均存在显著差异，而经过 PSM 半径匹配之后，这些指标在两组样本之间的标准偏差均有较大幅度减小，且 P 值均大于 0.1，说明匹配后两组样本的特征变量不再有显著差异，样本匹配较好。然后，我们对匹配后的样本重新进行回归分析，重新回归后的结果见表 4-7。在表 4-7 中，VC 的系数为 0.219，并在 5% 水平下通过显著性检验，说明相比无风险投资持股的企业，有风险投资持股的企业在并购时选择现金支付方式的概率更高。以上回归结果再次验证了假设 4-1 成立。

表 4-6　　PSM 匹配平衡性检验结果

变量		均值		标准偏差（%）	标准偏差减少幅度（%）	t - test	
		处理组	控制组			t	p > t
LnSize	匹配前	21.512	21.73	-22.6		-4.08	0.000
	匹配后	21.511	21.491	2.1	90.8	0.43	0.664
LEV	匹配前	0.37223	0.39788	-15.0		-2.69	0.007
	匹配后	0.37179	0.3697	1.2	91.9	0.23	0.815
State	匹配前	0.06743	0.05068	7.1		1.26	0.206
	匹配后	0.06609	0.06026	2.5	65.2	0.45	0.655
ROA	匹配前	0.06289	0.05946	9.5		1.69	0.092
	匹配后	0.06292	0.06254	1.1	88.8	0.20	0.845
Growth	匹配前	0.4629	0.44727	3.4		0.61	0.542
	匹配后	0.46273	0.45946	0.7	79.1	0.13	0.897

续表

变量		均值		标准偏差（%）	标准偏差减少幅度（%）	t－test	
		处理组	控制组			t	p＞t
Turnover	匹配前	0.61833	0.59189	6.8		1.22	0.223
	匹配后	0.61808	0.61705	0.3	96.1	0.05	0.961
MB	匹配前	1.9896	1.8314	19.5		3.45	0.001
	匹配后	1.9862	1.9403	5.7	71.0	1.04	0.300
Top1	匹配前	36.874	39.394	－18.0		－3.23	0.001
	匹配后	36.894	36.885	0.1	99.7	0.01	0.990
Indpr	匹配前	0.37599	0.38135	－10.1		－1.82	0.068
	匹配后	0.37606	0.37735	－2.4	75.9	－0.47	0.639
Pmnghld	匹配前	0.30152	0.28211	8.6		1.54	0.123
	匹配后	0.30178	0.30531	－1.6	81.8	－0.30	0.767

表 4－7　　PSM 回归结果

变量	(1)
	Pay
VC	0.219** (2.35)
LnSize	－0.158** (－1.99)
LEV	0.564 (1.45)
State	－0.508** (－2.34)
ROA	7.428*** (4.35)
Growth	－0.240** (－2.37)
Turnover	0.139 (1.03)
MB	－0.230*** (－3.28)
Top1	－0.001 (－0.41)

续表

变量	(1)
	Pay
Indpr	-0.773 (-0.86)
Pmnghld	0.122 (0.55)
截距	3.498* (1.91)
Year	已控制
Ind	已控制
样本量	1255
Pseudo R^2	0.07

注：***、**、*分别表示1%、5%、10%的显著性水平；括号中输出的值为z值。

三、其他稳健性检验

WIND数据库对企业并购目的的分类高达数十种，主要包括“横向整合”“垂直整合”“多元化战略”“业务转型”“战略合作”以及“财务投资”等目的。在主回归中，我们将并购目的为“多元化战略”的定义为多元化并购，取值为1，其他并购目的取值为0。在该部分进行稳健性检验时，参照相关研究，我们仅保留产业并购事件，即仅保留并购目的为“横向整合”“垂直整合”和“多元化战略”的样本，删除其他并购目的的样本。在此基础上，我们将并购目的为“多元化战略”的定义为多元化并购，取值为1，其他并购目的取值为0，最终得到可用于实证分析的1112个公司年度观测样本。重新回归后的结果见表4-8第（1）列。此外，公司上一期的财务和非财务特征也可能影响其当期的并购决策，参照李善民等（2019）以及董静和余婕（2021）的研究，我们将控制变量（公司层面特征）滞后一期，重新回归后的结果见表3-8第（2）列。在表4-8第（1）列和第（2）列中，VC的系数均为正，且至少在10%水平下通过显著性检验，说明相比无风险投资持股的企业，有风险投资持股的企业在并购时选择现金支付方式的概率更高。以上回归结果再次验证了假设4-1成立。

表 4-8　　其他稳健性检验回归结果

变量	(1)	(2)
	Pay	Pay
VC	0. 248** (2. 42)	0. 170* (1. 75)
LnSize	-0. 094 (-1. 08)	0. 100 (1. 27)
LEV	0. 582 (1. 39)	-0. 070 (-0. 17)
State	-0. 523** (-2. 33)	-0. 521** (-2. 22)
ROA	7. 150*** (4. 01)	5. 517*** (3. 08)
Growth	-0. 315*** (-2. 96)	0. 047 (0. 40)
Turnover	0. 030 (0. 21)	0. 141 (0. 95)
MB	-0. 194*** (-2. 69)	-0. 113 (-1. 45)
Top1	-0. 002 (-0. 64)	-0. 002 (-0. 48)
Indpr	0. 525 (0. 51)	1. 396 (1. 40)
Pmnghld	0. 126 (0. 52)	-0. 174 (-0. 76)
截距	1. 629 (0. 82)	-2. 746 (-1. 57)
Year	已控制	已控制
Ind	已控制	已控制
样本量	1112	1112
Pseudo R^2	0. 07	0. 06

注：***、**、*分别表示1%、5%、10%的显著性水平；括号中输出的值为z值。

第六节　进一步分析

一、风险投资参与度分析

（一）风险投资持股比例

对被投资企业而言，风险投资在被投资企业的持股比例越高，其对企业并购失败带来的损失分担也越大，这会促使风险投资最大限度地发挥其增值效应，从而降低被投资企业与标的方和其他投资者之间的信息不对称程度，抑制并购方出于风险共担动机而选择股票支付的动机及降低企业面临的融资约束问题，从而提高企业在并购时选择现金支付方式的概率。因此，我们预测风险投资的持股比例越高，被投资企业在并购时越倾向于选择现金支付方式。具体的回归结果见表 4－9。在表 4－9 中，解释变量风险投资持股比例（VC_share）以被投资企业中风险投资总持股比例（VC＝1 的条件下）衡量，其余控制变量和模型 4－1 相同。在表 4－9 中，我们发现 VC_share 系数为 0.018 且在 5% 的水平下通过显著性检验，说明风险投资的持股比例越高，被投资企业在并购时越倾向于选择现金支付方式，这与我们的预测一致。

表 4－9　　风险投资持股比例回归结果

变量	(1)
	Pay
VC_share	0.018** (2.12)
LnSize	−0.064 (−0.91)
LEV	0.437 (1.16)
State	−0.312 (−1.56)

续表

变量	(1)
	Pay
ROA	7. 308 *** (4. 18)
Growth	−0. 229 ** (−2. 31)
Turnover	0. 095 (0. 69)
MB	−0. 213 *** (−3. 01)
Top1	0. 000 (0. 13)
Indpr	−0. 889 (−1. 03)
Pmnghld	0. 069 (0. 32)
截距	2. 082 (1. 41)
Year	已控制
Ind	已控制
样本量	697
Pseudo R^2	0. 07

注：***、**、* 分别表示 1%、5%、10% 的显著性水平；括号中输出的值为 z 值。

（二）风险投资家数

一方面，当被投资企业拥有多家风险投资时，不同成员之间具有异质性的资源，这可以为被投资企业提供更专业的并购咨询服务、形成更广泛的社会关系网络以及发挥更好的认证作用和监督治理作用，从而更能降低被投资企业与标的方和其他投资者之间的信息不对称程度，最终抑制并购方出于风险共担动机而选择股票支付的动机及降低企业面临的融资约束问题，提高企业选择现金支付方式的概率。另一方面，多家风险投资持股也可能存在风险投资搭便车的现象，使得风险投资的家数越多反而越不利于其对被投资企业发挥增值效应，最终导致多家风险投资持股的企业更倾向于选择非现金支付方式。综上所述，我们事前不对风险投资持股家数与被投资企业现金支付方式之间的关系进行预测。表4－10列示了具体的实证回归结果。在表4－10中，解释变量为风险投资家数（VC_js），该指标以投资于同一企业的风险投资总数（VC＝1的条件下）衡量，其余控制变量和模型4－1相同。在表4－10中，我们发现VC_js系数为0.070且在10%的水平下通过显著性水平检验，说明风险投资家数越多，被投资企业在并购时越倾向于选择现金支付方式。

表4－10　　　　风险投资家数回归结果

变量	(1)
	Pay
VC_js	0.070 * (1.94)
LnSize	−0.138 * (−1.80)
LEV	0.798 ** (1.98)
State	−0.513 ** (−2.39)
ROA	6.777 *** (4.01)
Growth	−0.241 ** (−2.40)
Turnover	0.054 (0.35)
MB	−0.188 *** (−2.91)
Top1	0.000 (0.11)
Indpr	−0.462 (−0.52)
Pmnghld	0.180 (0.79)

续表

变量	(1)
	Pay
截距	2.897 (1.64)
Year	已控制
Ind	已控制
样本量	697
Pseudo R^2	0.08

注：***、**、* 分别表示 1%、5%、10% 的显著性水平；括号中输出的值为 z 值。

二、外部环境分析

（一）市场化水平

市场化水平较低的地区，资本市场发育不完善，内部信息供给不足导致信息不对称问题严重，身处其中的企业外部融资环境相对更加恶劣。风险投资认证功能、监督治理功能以及吸引资源功能的发挥能够显著改善企业的外部融资环境，降低企业面临的融资约束问题，从而提高企业在并购时选择现金支付方式的可能性。因此，我们预测在市场化水平较低的样本组中，风险投资更能促进被投资企业选择现金支付方式。为检验上述猜想，我们采用王小鲁等编制的《中国分省份市场化指数报告（2018）》中的市场化指数衡量市场化水平来进行分组检验。具体地，若公司当年市场化水平低于样本年度中位数，则作为市场化水平高组样本，反之则作为市场化水平低组样本。此外，由于《中国分省份市场化指数报告（2018）》列示的数据仅至 2016 年，对此，我们使用趋势分析法（三年滚动期）对 2017 ~ 2018 年的市场化指数进行了测算。具体实证回归结果见表 4 - 11。在表 4 - 11 中，我们发现，在市场化水平较低的组中，VC 系数为 0.289 且在 5% 的水平下通过显著性检验；但在市场化水平较高组中，VC 系数尽管为正却未通过显著性检验。说明市场化水平越低，风险投资越能促进被投资企业选择现金支付方式，以上结论验证了我们的猜想。

表 4-11 市场化水平回归结果

变量	Pay	Pay
	市场化水平高组	市场化水平低组
VC	0.095 (0.58)	0.289** (2.33)
LnSize	-0.098 (-0.76)	-0.088 (-0.88)
LEV	0.215 (0.30)	0.613 (1.13)
State	-1.516*** (-2.63)	-0.339 (-1.29)
ROA	6.247** (2.34)	7.876*** (3.49)
Growth	-0.125 (-0.75)	-0.362*** (-2.84)
Turnover	0.007 (0.04)	0.024 (0.10)
MB	-0.169 (-1.49)	-0.231** (-2.22)
Top1	-0.004 (-0.68)	0.003 (0.57)
Indpr	0.037 (0.02)	-0.432 (-0.40)
Pmnghld	-0.274 (-0.79)	0.468 (1.50)
截距	3.057 (1.14)	2.742 (1.17)
Year		已控制
Ind		已控制
样本量	531	698
Pseudo R^2	0.09	0.10

注：***、**、*分别表示1%、5%、10%的显著性水平；括号中输出的值为z值。

（二）市场竞争程度

市场竞争程度越高，企业面临的融资成本越高（窦超等，2020）。风险投资认证功能、监督治理功能以及吸引资源功能的发挥能够显著改善企业的外部融资环境，降低企业面临的融资约束问题，从而提高企业在并购时选择现金支付的可能性。因此，我们预测在市场竞争程度较高的样本组中，风险投资更能促进被投资企业选择现金支付方式。为检验上述猜想，我们采用赫芬达尔指数衡量市场竞争程度并进行分组检验，具体为公司主营业务收入占其所在行业市场份额的比例。具体地，若公司当年主营业务收入占其所在行业市场份额的比例低于样本年度中位数，则作为市场竞争程度高组样本，反之则作为市场竞争程度低组样本，具体实证回归结果见表 4-12。在表 4-12 中，我们发现，在市场竞争程度较高的组中，VC 系数为 0.353 且在 5% 的水平下通过显著性检验；但在市场竞争程度较低组中，VC 系数尽管为正却未通过显著性检验。说明市场竞争程度越高，风险投资越能促进被投资企业选择现金支付方式，以上结论验证了我们的猜想。

表 4-12 市场竞争程度回归结果

变量	Pay	Pay
	市场竞争程度高组	市场竞争程度低组
VC	0.353** (2.54)	0.034 (0.24)
LnSize	-0.210* (-1.92)	-0.033 (-0.29)
LEV	1.262** (2.22)	-0.314 (-0.51)
State	-0.645* (-1.75)	-0.573* (-1.92)
ROA	6.039** (2.33)	6.605*** (2.65)
Growth	-0.297** (-2.05)	-0.191 (-1.26)

续表

变量	Pay	Pay
	市场竞争程度高组	市场竞争程度低组
Turnover	-0.188 (-1.19)	0.919** (2.23)
MB	-0.301** (-2.28)	-0.210** (-2.34)
Top1	0.005 (0.83)	-0.006 (-1.28)
Indpr	-1.517 (-1.13)	0.532 (0.39)
Pmnghld	0.213 (0.64)	0.065 (0.20)
截距	4.412* (1.77)	1.556 (0.61)
Year		已控制
Ind		已控制
样本量	593	631
Pseudo R^2	0.11	0.10

注：***、**、*分别表示1%、5%、10%的显著性水平；括号中输出的值为z值。

三、作用机理分析

在假设中，我们提到一方面风险投资吸引资源功能和咨询功能的发挥能够向被投资企业提供关于标的方的更多信息，降低并购双方之间的信息不对称程度，从而抑制并购方出于风险共担动机而选择股票支付的动机，提高被投资企业选择现金支付的概率。另一方面，风险投资认证功能、监督治理功能以及吸引资源功能的发挥能够改善被投资企业的外部融资环境，缓解被投资企业的融资约束问题，从而提高企业选择现金支付的可能性。因此，对于作用机理的检验，我们将分别从降低标的方信息不对称、缓解并购方融资约束两个方面展开。具体的检验过程如下。

（一）降低信息不对称

为了验证风险投资持股能够帮助被投资企业获取更多标的方的信息，降低被投资企业与标的方之间的信息不对称，从而提高被投资企业选择现金支付方式的概率。我们分别根据是否为关联交易以及是否为重大资产重组设置了两种信息情景进行分组检验。这两组变量均为虚拟变量，其中，针对是否为关联交易，我们在回归分析时，关联交易取值为1，非关联交易取值为0；针对是否为重大资产重组，我们在回归分析时，重大资产重组取值为1，非重大资产重组取值为0。相比关联交易并购事件，在非关联交易并购事件中，并购交易双方的信息不对称程度更高（杨超等，2018）。相比重大资产重组并购事件，在非重大资产重组并购事件中，并购交易双方的信息不对称程度更高。具体实证回归结果见表4－13和表4－14。

在表4－13中，我们发现，在非关联交易组中，VC系数为0.206且在10%的水平下通过显著性检验；但在关联交易组中，VC系数未通过显著性检验。说明风险投资在非关联交易并购中更能提高被投资企业选择现金支付方式的概率。在表4－14中，我们发现，在非重大资产组中，VC系数为0.295且在5%的水平下通过显著性检验；但在重大资产组中，VC系数未通过显著性检验。说明风险投资在非重大资产并购中更能提高被投资企业选择现金支付方式的概率。以上结果表明，风险投资持股能够通过降低并购双方之间的信息不对称，提高被投资企业选择现金支付方式的概率。

表4－13　降低信息不对称——关联交易

变量	Pay	Pay
	关联交易	非关联交易
VC	－0.102 （－0.51）	0.206* （1.74）
LnSize	0.113 （0.75）	－0.106 （－1.14）
LEV	0.566 （0.67）	0.022 （0.05）

续表

变量	Pay	Pay
	关联交易	非关联交易
State	-0.697* (-1.74)	-0.474* (-1.71)
ROA	7.091** (2.02)	2.312 (1.49)
Growth	-0.228 (-1.52)	-0.179** (-2.17)
Turnover	-0.356 (-1.12)	0.355 (1.36)
MB	-0.044 (-0.32)	-0.195** (-2.52)
Top1	0.011 (1.35)	-0.002 (-0.54)
Indpr	1.058 (0.64)	-1.094 (-0.97)
Pmnghld	-0.423 (-0.88)	0.477* (1.70)
截距	-3.946 (-1.12)	4.099* (1.89)
Year	已控制	已控制
Ind	已控制	已控制
样本量	241	1008
Pseudo R^2	0.17	0.08

注：***、**、*分别表示1%、5%、10%的显著性水平；括号中输出的值为z值。

表4-14　降低信息不对称——重大资产重组

变量	Pay	Pay
	重大资产重组	非重大资产重组
VC	-0.241 (-0.77)	0.295** (2.34)
LnSize	-1.064*** (-3.60)	-0.180* (-1.83)

续表

变量	Pay	Pay
	重大资产重组	非重大资产重组
LEV	7.021*** (4.73)	0.174 (0.31)
State	0.000 (.)	-0.824*** (-3.18)
ROA	27.754*** (3.40)	4.245** (1.97)
Growth	0.370 (1.45)	0.355 (1.60)
Turnover	-1.271 (-1.31)	0.227 (1.02)
MB	-0.802** (-2.42)	-0.038 (-0.34)
Top1	0.018 (1.45)	0.002 (0.55)
Indpr	-0.460 (-0.15)	-0.948 (-0.82)
Pmnghld	1.114 (1.40)	0.244 (0.77)
截距	19.518*** (3.30)	4.334** (1.96)
Year	已控制	已控制
Ind	已控制	已控制
样本量	125	1073
Pseudo R^2	0.39	0.12

注：***、**、*分别表示1%、5%、10%的显著性水平；括号中输出的值为z值。

（二）缓解融资约束

借鉴温忠麟等（2014）提出的检验中介效应的过程验证风险投资能够通过缓解融资约束来提高被投资企业选择现金支付方式的概率。温忠麟等（2014）提出的检验中介效应的过程主要包括三个方程，其中一个方程为模型

4-1。其余两个检验中介效应的模型如下：

$$Kz_{i,t}=\beta_0+\beta_1 VC_{i,t}+\beta_2 LnSize_{i,t}+\beta_3 LEV_{i,t}+\beta_4 State_{i,t}+\beta_5 ROA_{i,t}+\beta_6 Growth_{i,t}+\beta_7 Turnover_{i,t}+\beta_8 MB_{i,t}+\beta_9 Top1_{i,t}+\beta_{10} Indpr_{i,t}+\beta_{11} Pmnghld_{i,t}+Year+Ind+\varepsilon_{i,t} \quad (4-2)$$

$$MA_{i,t}=\gamma_0+\gamma_1 VC_{i,t}+\gamma_2 KZ_{i,t}+\gamma_3 LnSize_{i,t}+\gamma_4 LEV_{i,t}+\gamma_5 State_{i,t}+\gamma_6 ROA_{i,t}+\gamma_7 Growth_{i,t}+\gamma_8 Turnover_{i,t}+\gamma_9 MB_{i,t}+\gamma_{10} Top1_{i,t}+\gamma_{11} Indpr_{i,t}+\gamma_{12} Pmnghld_{i,t}+Year+Ind+\varepsilon_{i,t} \quad (4-3)$$

在模型4-2和模型4-3中，变量KZ用来衡量融资约束。借鉴Kaplan和Zingales（1997）以及魏志华等（2014）的研究，我们通过以下四个步骤构造KZ指数：（1）对所有样本按照$CF_{i,t}/Asset_{I,t-1}$、$DIV_{i,t}/Asset_{i,t-1}$、$Cash_{i,t}/Asset_{i,t-1}$、$LEV_{i,t}$、$TobinQ_{i,t}$五个指标进行分类。其中，$CF_{i,t}$表示样本i在t期末的经营活动产生的现金流量净额，$DIV_{i,t}$表示样本i在t期末的现金股利，$Cash_{i,t}$表示样本i在t期末的现金持有量，$LEV_{i,t}$表示样本i在t期末的资产负债率，$TobinQ_{i,t}$表示样本i在t期末的托宾Q值，$Asset_{i,t-1}$表示样本i在t-1期末总资产。若$CF_{i,t}/Asset_{i,t-1}$低于样本中位数，则KZ_1取值为1，否则取值为0；若$DIV_{i,t}/Asset_{i,t-1}$低于样本中位数则KZ_2取1，否则取值为0；若$Cash_{i,t}/Asset_{i,t-1}$低于样本中位数则KZ_3取1，否则取值为0；若$LEV_{i,t}$高于样本中位数则KZ_4取1，否则取值为0；若$TobinQ_{i,t}$高于样本中位数则KZ_5取1，否则取值为0。（2）令$KZ=KZ_1+KZ_2+KZ_3+KZ_4+KZ_5$。（3）采用排序逻辑回归，将KZ指数作为因变量分别对$CF_{i,t}/Asset_{i,t-1}$、$DIV_{i,t}/Asset_{i,t-1}$、$Cash_{i,t}/Asset_{i,t-1}$、$LEV_{i,t}$和$TobinQ_{i,t}$进行回归，从而估计出各变量对应的回归系数。（4）运用上述回归模型的估计结果，计算KZ指数，KZ指数越大，表明样本公司面临的融资约束程度越高。表4-15列示了中介效应检验结果。

表4-15第（1）列列示了模型4-1的回归结果，由于在计算KZ指数时，损失了部分样本，因此对模型4-1重新进行了回归。其中，VC的系数为0.194，且在5%水平下通过显著性检验，说明相比无风险投资持股的企业，有风险投资持股的企业在并购时选择现金支付方式的可能性更大，再次验证了假设4-1成立。表4-15第（2）列列示了模型4-2的回归结果。其中，VC的系数为-0.055，且在5%水平下通过显著性检验，说明相比无风险投资持

股的企业，有风险投资持股的企业面临的融资约束程度更低。表 4 - 15 第（3）列列示了模型 4 - 3 的回归结果。其中，VC 的系数为 0.193，且在 5% 水平下通过显著性检验，KZ 的系数为 - 1.203，且在 10% 水平下通过显著性检验。根据温忠麟等（2014）中介效应检验过程，说明融资约束在风险投资与企业并购支付方式之间起到了部分中介效应。

表 4 - 15　　　　缓解融资约束回归结果

变量	(1)	(2)	(3)
	Pay	kzindex	Pay
VC	0.194** (2.01)	-0.055** (-2.31)	0.193** (1.99)
kzindex			-1.203* (-1.71)
LnSize	0.048 (0.68)		0.044 (0.61)
LEV	0.285 (0.72)		3.028* (1.87)
State	-0.397* (-1.90)	0.010 (0.17)	-0.395* (-1.89)
ROA	7.055*** (3.55)		5.339** (2.30)
Growth	-0.335*** (-3.35)	0.087*** (3.09)	-0.382*** (-3.65)
Turnover	0.027 (0.19)	0.114*** (3.37)	0.018 (0.13)
MB	-0.181** (-2.43)		-0.152** (-1.98)
Top1	-0.000 (-0.05)	0.002** (2.04)	-0.001 (-0.15)
Indpr	-0.512 (-0.57)	-0.393* (-1.77)	-0.462 (-0.51)
Pmnghld	0.132 (0.56)	-0.198*** (-3.65)	0.115 (0.49)

续表

变量	(1)	(2)	(3)
	Pay	kzindex	Pay
截距	-0.558 (-0.36)	0.745*** (5.57)	-0.463 (-0.30)
Year	已控制	已控制	已控制
Ind	已控制	已控制	已控制
样本量	1142	1142	1142
Pseudo R^2/ADJ R^2	0.05	0.04	0.06

注：***、**、*分别表示1%、5%、10%的显著性水平；括号中输出的值为t值或z值。

四、本章小结

并购支付方式是企业并购过程中最后一环也是最为重要的一环，它会对并购方的资本结构以及并购双方企业控制力对比产生重要影响，因此探究并购支付决策的影响因素对提高企业并购效率有重要意义。不同于以往的研究，本章内容从风险投资视角考察了风险投资对企业并购支付方式的影响及作用机理。研究发现，相比无风险投资持股的企业，有风险投资持股的企业在进行并购时更倾向于选择现金支付方式。采用Heckman两阶段回归、PSM分析以及其他稳健性检验方法进行检验后，上述结论依然成立。进一步研究发现：(1) 从风险投资的参与度视角来看，风险投资的参与度越高，被投资企业越倾向于选择现金支付方式，其中参与度我们通过持股比例和持股家数两个指标衡量。(2) 从外部环境视角来看，在市场化水平（宏观层面）较低的地区以及市场竞争程度（行业层面）较高的地区，相比无风险投资持股的企业，有风险投资持股的企业选择现金支付方式的概率更高。(3) 作用机理分析发现，从信息不对称角度来看，风险投资能够通过降低并购双方的信息不对称程度，从而降低被投资企业出于风险共担目的而选择股票支付的动机，提高其选择现金支付方式的概率。其中，信息不对称程度我们通过是否关联交易和是否重大资产重组两个指标衡量。从融资角度来看，风险投资能够通过缓解被投资企业在并购过程中面临的融资约束问题，从而提高其选择现金支付方式的概率。融资约束在风险投资持股与企业并购现金支付方式之间起到了部分中介作用。

第五章　风险投资持股与并购商誉

第一节　引　言

习近平总书记指出防范化解金融风险特别是防止发生系统性金融风险，是金融工作的根本性任务。2014 年以来，随着《意见》的颁布，我国上市公司并购重组活动迎来新一轮爆发式增长，高估值、高业绩承诺的“双高”并购活动更是屡见不鲜（高榴和袁诗淼，2017）。“双高”并购推动上市公司商誉资产规模快速飙升，商誉泡沫堆积。据 WIND 数据统计，截至 2018 年末，中国 A 股上市公司商誉资产规模超过 1.3 万亿元，其中，871 家上市公司 2018 年度共计提商誉减值 1658.6 亿元，约占总商誉金额的 12.7%，这一减值金额约是 2017 年的 4.5 倍和 2016 年的 14.5 倍。上市公司短期内对商誉资产集中计提减值，不仅会使公司业绩变脸，引发股价崩盘风险（韩宏稳等，2019），而且也将对资本市场整体造成巨大冲击，引发系统性金融风险（林勇峰等，2017）。因此，探究并购商誉的影响因素对于有效抑制并购商誉泡沫，防范化解金融风险具有重要意义。

在理论研究方面，现有研究关于并购商誉影响因素的研究主要集中在并购交易层面、高管层面、公司层面、宏观层面以及内外部监督治理机制上，尚未有学者关注风险投资对企业并购商誉的影响。不同于一般的机构投资者，风险投资除了为企业发展提供必要的财务资源外，为最终顺利退出并获得高额退出收益，他们也会积极参与企业投后管理，为企业提供各类增值服务。研究发现，由于受股权锁定期的限制或者继续持有上市公司股份仍能获利等因素影响，很多风险投资在推动公司成功上市后的 3～5 年内并未退出上市公司（吴超鹏等，2012）。那么，在企业并购活动中，风险投资持股是否能够有效抑制并购商誉泡沫呢？风险投资的特征以及企业所处的外部环境差异对并购商誉泡沫的影响有差异吗？它们之间的作用机理是什么？进一步地，风险投资对企业后期商誉减值有影响吗？此外，在此前章节中，我们研究发现在进行并购决策时，有风险投资持股的企业更倾向于进行非多元化并购和采用现金支付方式。那么在这些并购决策模式下，风险投资持股是否能够更好地抑制并购商誉泡沫呢？

基于此，本章内容以2014～2018年首次IPO的A股上市公司作为主并方的并购事件为基础样本，实证检验了风险投资持股对企业并购商誉的影响。研究发现，相比无风险投资持股的企业，有风险投资持股的企业并购商誉规模更小。采用Heckman两阶段回归、PSM分析以及重新度量被解释变量进行稳健性检验后，上述结论依然成立。从风险投资参与度视角来看，风险投资的参与度越高，被投资企业的并购商誉规模越小，其中参与度我们通过持股比例和持股家数两个指标衡量。从外部环境视角来看，在市场竞争程度（行业层面）较高的地区，相比无风险投资持股的企业，有风险投资持股的企业并购商誉规模更小。而在市场化水平（宏观层面）不同的地区，有风险投资持股的企业和无风险投资持股的企业并购商誉规模之间并没有显著差异。作用机理分析发现，从信息不对称角度来看，风险投资能够通过降低并购双方的信息不对称程度来提高被投资企业对标的资产估值的准确性，从而降低并购商誉规模。从代理问题角度来看，风险投资能够通过缓解股东与管理层之间以及大股东与中小股东之间的代理冲突，从而降低并购商誉规模。从后期商誉减值视角来看，相比无风险投资持股的企业，有风险投资持股的企业后期商誉减值的概率和商誉减值的规模也更小。此外，结合风险投资持股与企业多元化并购的研究内容，研究发现相比无风险投资持股的企业，有风险投资持股的企业在进行非多元化并购后，其并购商誉规模以及后期商誉减值的可能性和减值的规模也更小。结合风险投资持股与企业并购支付方式的研究内容，研究发现相比无风险投资持股的企业，有风险投资持股的企业在选择现金支付方式后，其并购商誉规模以及后期商誉减值的可能性也更小。以上结论说明风险投资持股能够优化企业并购决策并有效抑制并购商誉泡沫。

本章的边际贡献主要有：（1）首次将风险投资作为并购商誉的影响因素进行考察，拓展了并购商誉领域相关研究。（2）丰富了风险投资影响企业并购战略经济后果的研究文献。现有文献关于风险投资对企业并购战略经济后果的影响主要关注了并购业绩这一直接经济后果（李曜和宋贺，2017），尚未有人关注并购商誉这一隐性经济后果。本书将风险投资对企业并购战略经济后果的研究拓展到并购商誉领域是一次新的尝试。（3）企业的并购决策蕴含着并购动因，又直接导致了并购经济后果。本书尝试将风险投资、并购决策以及并购商誉三者纳入一个分析框架进行系统性研究不仅延伸了风险投资对企业并购影响的研究深度，而且还能够帮助我们进一步厘清风险投资在公司并购活动过程中是如何发挥作用的。（4）本书研究表明风险投资能够有效抑制并购商誉泡沫，这可以为公司改善并购决策机制以及监管部门优化监管政策提供参考依据。

第二节　理论分析与假设提出

对标的方资产的估价偏差和代理问题是导致商誉高估的主要原因（杜兴强等，2011）。针对代理问题，由于商誉准则赋予了管理层较大的自由裁量权，这容易诱发管理层的机会主义行为（Ramanna，2008），在并购发生时他们可能通过高估商誉以达到短期内提升股价的目的，后期再通过推迟或者少报减值以提振业绩（Li 和 Sloan，2017）。此外，由于我国的上市公司股权相对集中，一股独大的现象普遍存在。因此，大股东也可能为获得控制权私利而利用资产评估结果进行高溢价并购，从而导致上市公司形成高额商誉资产。近年来，随着对风险投资研究的不断深入，学者们普遍认为风险投资能够利用自身资源能力和社会关系网络为被投资企业提供增值服务，具有增值效应。其增值效应的来源主要有认证功能（Megginson 和 Weiss，1991；吴超鹏等，2012；陈思等，2017）、监督治理功能（Lerner，1995；Kaplan 和 Strömberg，2004；Hellmann 和 Puri，2002；吴超鹏等，2012；吴超鹏和张媛，2017；李曜和宋贺，2017）、吸引资源功能（Barry 等，1990；Kaplan 和 Strömberg，2001；Hochberg 等，2007；蔡宁和何星，2015）以及咨询功能（Cumming 和 Johan，2007；李曜和宋贺，2017；李善民等，2019）。在企业并购中，我们认为风险投资增值效应的发挥不仅能够降低被投资企业与标的方之间的信息不对称问题，提高被投资企业对标的资产估值的准确性，还可以有效抑制管理层的机会主义动机和大股东的利益侵占动机，从而有效抑制并购商誉高估问题。具体原因分析如下：

一方面，风险投资具有吸引资源功能以及咨询功能，这能够有效降低并购方与标的方之间的信息不对称程度，从而缓解因估值偏差产生的商誉高估问题。从吸引资源功能视角来看，风险投资能够利用自身资源能力吸引投资银行、商业银行、律师事务所、会计师事务所以及其他风险投资共同建立社会关系网络（Barry 等，1990；Hochberg 等，2007），社会关系网络具有信息传播功能（Ellison 和 Fudenberg，1995）。风险投资能够利用这些社会关系网络帮助被投资企业招募到更优质的中介机构参与到并购活动中来，这不仅可以帮助并购方在更大的范围内扫描、搜寻和选择优质并购对象，锁定并购对象后，还可以帮助并购方对标的方的资产、利润、现金流和战略等财务和非财务信息进行更全面细致的分析和判断，准确评估标的方的资产价值。从咨询功能视角来看，作为专业投资者，风险投资能够利用自身的行业专长帮助被投资企业（并购方）获取关于投资标的更隐秘的软信息（Kaplan 和 Strömberg，2001），尤其是标的方刻意隐瞒的信息。这能够降低被投资企业与标的方之间的信息不对称程度，提高对标的资产估值的准确性，从而缓解因估值偏差导致的并购商誉高估问题。

另一方面，风险投资具有监督治理功能，这有助于缓解因代理问题产生的商誉高估问题。作为资本提供方，风险投资的最终目的是获得资本退出收益，通常并不谋求被投资企业的控制权，这就决定了其与被投资企业大股东之间可能存在代理冲突。此外，作为股东，风险投资又是企业的所有者，其与管理层之间也可能存在代理冲突。因此，为顺利退出并获得资本退出收益，风险投资有动机和压力去缓解这两类代理冲突。研究发现，风险投资在决定对企业进行投资后，一是，他们会通过协助被投资企业招募管理者、聘任或者解聘 CEO、实施分阶段融资以及可转债等手段对被投资企业进行持续监督（Hellmann 和 Puri，2002；Kaplan 和 Stromberg，2003）。二是，他们往往也会选择进驻被投资企业董事会，直接参与企业的经营决策并帮助被投资企业选聘有金融或财务知识背景的专业人员担任外部董事，提高被投资企业董事会的规模以及独立董事占比（Baker 和 Gompers，2003；袁蓉丽等，2014），改善公司治理水平。

Fried 等（1998）研究发现，相比无风险投资持股的企业，有风险投资持股的企业董事会对企业战略的参与度显著更大。而并购作为企业的一项重要战略活动，企业的并购决策方案往往需要提交董事会审议。因此，有风险投资持股的企业董事会对并购方案的审核会更加严格。这些能够抑制管理层为满足私人利益以及大股东为获得控制权私利而进行的高溢价并购，从而缓解并购商誉高估问题。基于以上分析，我们提出假设 5－1。

假设 5－1：相比无风险投资持股企业，有风险投资持股的企业并购商誉规模更小

第三节　研究设计

一、样本选择与数据来源

本书首先从 WIND 数据库获取 2014～2018 年首次 IPO 的 A 股上市公司作为主并方的并购事件，然后，按以下标准对并购事件进行进一步处理：（1）保留交易最新进度为完成、过户或者实施的并购事件；（2）对于同一年度对同一标的进行的多次并购事件将其合并至首起并购事件，作为一起并购事件处理；对于不同年度对同一标的进行的多次并购事件将其视为多起并购事件处理。（3）剔除同一控制下的并购事件；（4）剔除交易双方有一方所在行业为金融行业的上市公司；（5）剔除被 ST 的上市公司；（6）剔除关键变量数据缺失的上市公司；（7）为了消除极端值可能对结果造成的影响，对所有连续变量进行了上下各 1% 的缩尾处理。经过上述筛选，最终得到可用于实证分析的 526 个观测样本。此外，研究所需的风险投资数据来自 CVSOURCE 数据库，并购事件相关信息来自 WIND 数据库以及手工搜集巨潮网上市公司并购交易公告，商誉和商誉减值信息来自巨潮网上市公司年报，制度环境数据来自王小鲁等编制的《中国分省份市场化指数报告（2018）》的市场化指数，其他研究所需的数据均来自国泰安数据库。

二、模型设计与变量定义

(一) 模型设计

根据研究目的，我们设置了线性回归模型 5 - 1 用于检验假设 5 - 1，具体模型设定如下：

$$
\begin{aligned}
GW\_asset_{i,t} = {} & \alpha + \beta_0 VC_{i,t} + \beta_1 Pay_{i,t} + \beta_2 RPT_{i,t} + \beta_3 MAR_{i,t} + \beta_4 Dom_{i,t} + \\
& \beta_5 LnSize_{i,t} + \beta_6 State_{i,t} + \beta_7 MB_{i,t} + \beta_8 ROA_{i,t} + \beta_9 LEV_{i,t} + \\
& \beta_{10} Big4_{i,t} + \beta_{11} Top1_{i,t} + \beta_{12} Growth_{i,t} + \beta_{13} Turnover_{i,t} + \\
& \beta_{14} Indpr_{i,t} + \beta_{15} Pmnghld_{i,t} + Year + Ind + \varepsilon_{i,t}
\end{aligned} \quad (5-1)
$$

(二) 变量定义

(1) 被解释变量——并购商誉规模（GW_asset），用并购方企业的商誉账面原值除以期末总资产的自然对数表示。

(2) 解释变量——风险投资（VC），表示上市公司报告期内是否有风险投资持股，该变量为虚拟变量。若上市公司在报告期内有风险投资持股，则 VC 取值 1，否则为 0。在判断一家公司是否有风险投资持股时，借鉴董静等（2017）以及胡刘芬和周泽将（2018）的研究，我们按照以下标准进行认定：(1) 风险投资的性质为 PE - Growth 或者 VC - Serise（投资轮次包括 A 轮、B 轮、C 轮、D 轮和 E 轮），且投资时点在公司 IPO 之前。(2) 从国泰安数据库下载上市公司十大股东名录，将该名录与 CVSOURCE 数据库中获取的投资机构名录进行匹配，若前十大股东中至少有一家为风险投资或风险投资基金，则认定该上市公司具有风险投资持股背景。

(3) 控制变量。本书分别从交易层面和公司层面两个层面控制了可能对公司并购商誉产生影响的相关因素。其中，交易层面的因素包括：支付方式（Pay）、关联交易（RPT）、重大资产重组（MAR）以及境内并购（Dom）。公司层面的因素包括公司规模（LnSize）、产权性质（State）、资产负债率（LEV）、总资产收益率（ROA）、净利润增长率（Growth）、营运能力（Turnover）、市账比（MB）、股权集中度（Top1）、独立董事占比（Indpr）以及管理层持股比例（Pmnghld），同时我们还控制了年度（Year）和行业效应（Ind）。具体变量描述及定义见表5－1。

表5－1 变量描述及定义

变量类型	变量名称	变量符号	变量定义
被解释变量	并购商誉规模	GW_asset	Ln（企业商誉账面原值/期末总资产）
解释变量	风险投资	VC	虚拟变量，若上市公司有风险投资持股取值1，否则为0
控制变量	支付方式	Pay	虚拟变量，若并购支付方式全部为现金支付取值1，否则为0
	关联交易	RPT	虚拟变量，若并购交易为关联交易取值1，否则为0
	重大资产重组	MAR	虚拟变量，若并购交易为重大资产重组取值1，否则为0
	境内并购	Dom	虚拟变量，若并购交易为境内并购取值1，否则为0
	公司规模	LnSize	期末资产总额取自然对数
	资产负债率	LEV	期末总资产/期末总负债
	产权性质	State	虚拟变量，若为国有企业取值1，否则为0
	总资产收益率	ROA	净利润×2/（期初总资产＋期末总资产）
	营业利润增长率	Growth	（期末营业利润－上期末营业利润）/上期末营业利润
	营运能力	Turnover	营业总收入×2/（期初总资产＋期末总资产）
	市账比	MB	市场价值与账面价值之比
	股权集中度	Top1	第一大股东持股比例
	独立董事占比	Indpr	独立董事人数与董事会人数之比
	管理层持股比例	Pmnghld	管理层持股数量/总股本
	年度	Year	年度效应
	行业	Ind	行业效应，按照证监会行业分类2012年版划分

第四节　实证分析

一、描述性统计

表5－2列示了各变量的描述性统计结果。其中，GW_asset的均值为－3.87，

中位数为 -3.48，中位数大于均值，说明多数样本公司并购商誉规模普遍偏大，我国上市公司普遍存在着商誉高估问题。GW_asset 的最大值为 0.74，最小值为 -20.02，说明参与并购的样本公司并购商誉存在较大差异且部分公司确认了大额并购商誉资产。VC 的平均值为 0.53，说明风险投资参与被投资企业并购的比例达到了 53%，这意味着公司上市后仍有相当数量的风险投资并未退出被投资企业，他们选择继续持有上市公司股份并参与被投资企业的并购活动，这为本书的研究留下了契机。

在交易层面，Pay 的均值为 0.80，说明参与并购的样本公司有 80% 的公司选择现金支付，现金支付仍然在并购支付方式中占据主流位置。RPT 的均值为 0.18，说明大约有 18% 的并购事件为关联交易。MAR 的均值为 0.20，说明大约有 20% 的并购事件为重大资产重组。Dom 的均值为 0.93，说明大约有 93% 的并购事件为境内并购，在当今复杂多变的外部环境中，境外并购面临的信息不对称程度更高，因此相比境外并购，境内并购依然是多数企业的选择。

在公司层面，LnSize 的平均值为 21.41，中位数为 21.30，中位数小于平均值，说明多数样本公司规模偏小。LEV 的平均值为 0.37，但是最大值为 0.76，说明部分样本公司负债水平较高，而 LEV 的中位数为 0.36，平均值几乎与中位数持平，说明样本公司负债水平分布比较均匀。State 的平均值为 0.03，说明样本公司中国有企业占样本总体的 3%，这也比较符合我国的基本国情。ROA 的平均值为 0.06，中位数也为 0.06，平均值与中位数持平，说明样本公司总资产收益率分布比较均匀。Growth 的最小值为 -3.61，Growth 的最大值为 24.94，说明部分样本公司在上市后成长性较差，而部分样本公司却依旧保持了快速成长。整体来看，Growth 的平均值为 0.89，中位数为 0.09，平均值远大于中位数，说明大多数样本公司普遍保持着良好的成长性。Turnover 的平均值为 0.61，中位数为 0.49，中位数小于平均值，说明有一半以上的样本公司总资产周转率偏低。MB 最小值为 1.04，最大值为 5.18，说明样本公司市场价值和账面价值存在较大差别，MB 最小的样本公司市场价值与账面价值基本相等，MB 最大的样本公司的市场价值却是账面价值的 5 倍之多。Top1 的平均值为 37.84，说明我国上市公司一股独大的现象比较普遍；同时，Top1 的最大值为 76.18，最小值为 10.37，标准差为 13.38，说明我国上市公司第一大股东持股比例存在较大差异，波动性较大，而第一大股东持股比例越高，大股东侵占中小股东利益的行为可能越严重。Indpr 平均值为 0.38，中位数为 0.33，中位数小于平均值，说明多数样本公司独立董事占比较小。Pmnghld 最小值为 0.00，最大值为 0.70，说明样本公司之间管理层持股比例存在较大差别，而管理层持股比例越高，管理层与股东之间的代理冲突可能越大，他们可能因私人利益而盲目进行一些低效率的并购，从而使企业的商誉资产大幅增加。

表 5-2 变量描述性统计

变量	样本量	平均值	标准差	中位数	最小值	最大值
GW_asset	526	-3.87	2.33	-3.48	-20.02	0.74
VC	526	0.53	0.50	1.00	0.00	1.00
Pay	526	0.80	0.40	1.00	0.00	1.00
RPT	526	0.18	0.39	0.00	0.00	1.00
MAR	526	0.20	0.40	0.00	0.00	1.00
Dom	526	0.93	0.26	1.00	0.00	1.00
LnSize	526	21.41	0.72	21.30	20.08	23.52
LEV	526	0.37	0.16	0.36	0.07	0.76
State	526	0.03	0.17	0.00	0.00	1.00
ROA	526	0.06	0.03	0.06	0.00	0.17
Growth	526	0.89	3.46	0.09	-3.61	24.94
Turnover	526	0.61	0.39	0.49	0.14	2.35
MB	526	1.97	0.83	1.73	1.04	5.18
Top1	526	37.84	13.38	37.14	10.37	76.18
Indpr	526	0.38	0.05	0.33	0.33	0.56
Pmnghld	526	0.32	0.22	0.34	0.00	0.70

二、相关性分析

表 5-3 列示了各变量的相关性分析结果，下三角列示的是 Pearson 相关系数，上三角列示的是 Spearman 相关系数。从 Pearson 相关系数来看，解释变量 VC 与被解释变量 GW_asset 的相关系数为 -0.12，且在 1% 水平下通过显著性检验，说明相比无风险投资持股的企业，有风险投资持股的企业并购商誉规模

表 5-3 相关系数

	GW_asset	VC	Pay	RPT	MAR	Dom	LnSize	LEV	State	ROA	Growth	Turnover	MB	Top1	Indpr	Pmnghld
GW_asset	1	-0.10 **	-0.57 ***	0.41 ***	0.60 ***	0.02	-0.22 ***	-0.04	-0.04	-0.18 ***	0.05	-0.19 ***	0.13 ***	-0.05	0.02	0.07 *
VC	-0.12 ***	1	0.03	-0.12 ***	-0.06	0.02	-0.00	-0.01	-0.07	0.03	0.02	0.04	-0.05	-0.07	-0.09 **	0.01
Pay	-0.49 ***	0.03	1	-0.56 ***	-0.70 ***	-0.08 *	0.05	0.06	-0.03	0.15 ***	-0.03	0.15 ***	-0.08 *	-0.02	-0.02	-0.04
RPT	0.34 ***	-0.12 ***	-0.56 ***	1	0.54 ***	0.09 **	-0.03	-0.05	0.01	-0.18 ***	-0.02	-0.13 ***	0.04	-0.03	0.03	0.05
MAR	0.50 ***	-0.06	-0.70 ***	0.54 ***	1	0.05	-0.09 **	-0.01	-0.06	-0.15 ***	0.05	-0.16 ***	0.09 **	-0.00	0.05	0.07
Dom	-0.00	0.02	-0.08 *	0.09 **	0.05	1	-0.11 **	-0.02	0.00	-0.06	0.04	-0.02	0.05	-0.07	-0.03	-0.01
LnSize	-0.20 ***	-0.01	0.03	-0.04	-0.09 **	-0.11 **	1	0.51 ***	0.09 *	-0.21 ***	-0.00	0.12 ***	-0.49 ***	0.02	-0.04	-0.14 ***
LEV	-0.05	0.00	0.05	-0.05	-0.00	-0.03	0.53 ***	1	-0.08 *	-0.44 ***	0.04	0.13 ***	-0.32 ***	-0.02	0.01	-0.04
State	-0.02	-0.07	-0.03	0.01	-0.06	0.00	0.14 ***	-0.08 *	1	0.02	-0.00	-0.04	-0.09 **	0.14 ***	-0.08 *	-0.20 ***
ROA	-0.16 ***	0.05	0.14 ***	-0.16 ***	-0.14 ***	-0.07 *	-0.19 ***	-0.46 ***	0.03	1	0.04	0.34 ***	0.33 ***	0.13 ***	-0.01	0.14 ***
Growth	0.09 **	-0.03	-0.05	0.03	0.03	0.04	-0.07	0.02	0.07	-0.06	1	-0.10 **	0.02	-0.02	0.05	-0.01
Turnover	-0.20 ***	0.08 *	0.11 ***	-0.11 **	-0.11 **	0.00	0.14 ***	0.17 ***	-0.05	0.17 ***	-0.10 **	1	-0.11 ***	0.11 **	-0.01	-0.04
MB	0.06	-0.01	-0.09 **	0.05	0.07	0.07	-0.39 ***	-0.32 ***	-0.07 *	0.38 ***	-0.04	-0.10 **	1	-0.03	-0.11 **	0.12 ***
Top1	-0.06	-0.06	-0.01	-0.04	-0.01	-0.08 *	0.08 *	0.02	0.18 ***	0.09 *	0.03	0.13 ***	-0.10 **	1	0.07 *	-0.10 **
Indpr	0.01	-0.11 **	-0.03	0.04	0.05	-0.00	-0.04	-0.01	-0.08 *	-0.03	0.02	0.06	-0.10 **	0.07	1	0.01
Pmnghld	0.07	0.01	-0.05	0.04	0.07	-0.01	-0.14 ***	-0.06	-0.20 ***	0.15 ***	0.01	-0.11 **	0.08 *	-0.14 ***	0.01	1

注：***、**、*分别表示1%、5%、10%的显著性水平；下三角报告 Pearson 相关系数，上三角报告 Spearman 相关系数。

更小，初步验证了假设5-1。在交易层面，控制变量Pay与被解释变量GW_asset显著负相关，说明当企业选择现金支付方式时，企业并购商誉规模更小。控制变量RPT和MAR与被解释变量GW_asset显著正相关，说明当企业的并购交易类型为关联交易或重大资产重组时，企业的并购商誉规模更大。在公司层面，控制变量Growth与被解释变量GW_asset显著正相关，说明当企业成长性较好时，企业的并购商誉规模更大。控制变量LnSize、ROA以及Turnover与被解释变量GW_asset均显著负相关，说明当企业的规模越大、总资产收益率越高以及总资产周转率越快时，企业的并购商誉规模越小。此外，各个变量间的相关系数最大值为0.70，方差膨胀因子（VIF）最大值为2.37，远小于10，说明模型不存在严重的多重共线性问题，模型设置较为合理。

三、回归结果分析

表5-4列示了假设5-1的实证回归结果，第（1）列列示了风险投资持股与并购商誉之间的单变量回归结果。其中，VC的系数为-0.367，且在10%的水平下通过显著性检验，说明相比无风险投资持股的企业，有风险投资持股的企业并购商誉规模更小，初步验证了假设5-1成立。第（2）列报告了加入控制变量后，风险投资持股与并购商誉之间的回归结果。其中，VC的系数为-0.366，且在5%的水平下通过显著性检验，说明相比无风险投资持股的企业，有风险投资持股的企业并购商誉规模更小，假设5-1成立。

从控制变量来看，在交易层面，Pay的系数为-1.569，且在1%水平下通过显著性检验，说明当并购交易采用现金支付方式时，公司的并购商誉规模更小。MAR的系数为1.522，且在1%水平下通过显著性检验，说明当并购交易为重大资产重组时，公司的并购商誉规模相对更大。在公司层面，LnSize的系数为-0.538，且在1%水平下通过显著性检验，说明当公司的规模越大时，公司的并购商誉规模相对更小。ROA的系数为-6.445，且在10%水平下通过显著性检验，说明当公司的总资产收益率越高时，企业的并购商誉规模相对更小。

表 5 - 4 风险投资与并购商誉回归结果

变量	(1)	(2)
	GW_asset	GW_asset
VC	-0.367* (-1.82)	-0.366** (-2.05)
Pay		-1.569*** (-6.21)
RPT		0.035 (0.14)
MAR		1.522*** (4.99)
Dom		-0.562 (-1.63)
LnSize		-0.538*** (-3.81)
LEV		0.298 (0.43)
State		0.563 (1.05)
ROA		-6.445* (-1.90)
Growth		0.028 (1.60)
Turnover		-0.473 (-1.63)
MB		-0.011 (-0.07)
Top1		-0.007 (-1.06)
Indpr		-1.013 (-0.61)
Pmnghld		0.017 (0.04)

续表

变量	(1)	(2)
	GW_asset	GW_asset
截距	-3.193*** (-5.40)	10.234*** (3.14)
Year	已控制	已控制
Ind	已控制	已控制
样本量	526	526
ADJ R^2	0.07	0.34

注：***、**、*分别表示1%、5%、10%的显著性水平；括号中输出的值为t值。

第五节　稳健性检验

一、Heckman两阶段回归

风险投资与被投资企业并购商誉规模之间可能存在内生性问题。那些被风险投资选择的企业可能其本身并购商誉规模就小，并不是由于风险投资持股所引起的，这使得样本存在选择性偏误，我们采用Heckman两阶段回归处理内生性问题可能对实证结果带来的不利影响。借鉴相关文献，在第一阶段，我们选择支付方式（Pay）、关联交易（RPT）、重大资产重组（MAR）、境内并购（Dom）、公司规模（LnSize）、产权性质（State）、资产负债率（LEV）、总资产收益率（ROA）、净利润增长率（Growth）、营运能力（Turnover）、市账比（MB）、股权集中度（Top1）、独立董事占比（Indpr）、管理层持股比例（Pmnghld）、是否属于高新技术行业（HT）以及公司注册地是否属于风险投资发达地区（VC_develop）作为参与方程进行回归。其中，VC_develop为虚拟变量，由于我国风险投资多分布在北京、上海、广东、江苏和浙江五个地方，因此若上市公司注册地在以上五个地方，则取值1，否则为0。将回归得到的逆米尔斯比率（Lambda）加入模型5-1重新进行回归，回归结果见表5-5。

在表5-5中，第（1）列列示了Heckman第一阶段的回归结果，第（2）列列示了对应的第二阶段的回归结果。在第（2）列中，VC的系数为-0.360，且在5%水平下通过显著性检验，说明相比无风险投资持股的企业，有风险投资持股的企业并购商誉规模更小。以上回归结果再次验证了假设5-1成立。

表5-5　　Heckman两阶段回归结果

变量	(1)	(2)
	VC	GW_asset
VC		-0.360** (-2.02)
Pay	-0.375* (-1.67)	-1.812*** (-4.68)
RPT	-0.467** (-2.54)	-0.291 (-0.68)
MAR	0.022 (0.10)	1.525*** (5.04)
Dom	0.111 (0.47)	-0.478 (-1.30)
LnSize	-0.135 (-1.24)	-0.623*** (-3.56)
LEV	-0.201 (-0.38)	0.166 (0.23)
State	-0.517 (-1.39)	0.188 (0.28)
ROA	1.080 (0.49)	-5.831* (-1.69)
Growth	-0.006 (-0.32)	0.026 (1.42)
Turnover	0.197 (1.06)	-0.353 (-1.11)
MB	-0.029 (-0.32)	-0.020 (-0.13)
Top1	-0.004 (-0.84)	-0.010 (-1.39)
Indpr	-3.557*** (-3.06)	-3.505 (-1.10)

续表

变量	(1)	(2)
	VC	GW_asset
Pmnghld	-0.051 (-0.18)	-0.007 (-0.02)
HT	0.238 (1.43)	
VC_develop	0.002 (0.01)	
Lambda		1.069 (0.89)
截距	5.016** (2.03)	12.627*** (2.93)
年度	已控制	已控制
行业	已控制	已控制
样本量	524	524
Pseudo R^2/ADJ R^2	0.09	0.34

注：***、**、*分别表示1%、5%、10%的显著性水平；括号中输出的值为t值或z值。

二、PSM分析

除了Heckman两阶段回归外，我们还采用PSM分析缓解内生性问题。我们首先用风险投资（VC）作为被解释变量，加入模型5-1中的控制变量，利用Logistic回归估计出样本获得风险投资的倾向得分，然后利用倾向得分对样本进行半径匹配。匹配后的样本平衡性检验结果见表5-6。在表5-6中，我们发现在进行PSM半径匹配之前，有风险投资持股的企业（处理组）与无风险投资持股的企业（控制组）之间在是否关联交易（RPT）、总资产周转率（Turnover）以及独立董事占比（Indpr）方面均存在显著差异，而经过PSM半径匹配之后，这些指标在两组样本之间的标准偏差均有较大幅度减小，且P值均大于0.1，说明匹配后两组样本的特征变量不再有显著差异，样本匹配较好。然后，我们对匹配后的样本重新进行回归分析，重新回归后的结果见表5-7。在表5-7中，VC的系数为-0.370，并在5%水平下通过显著性检验，说明相比无风险投资持股的企业，有风险投资持股的企业并购商誉规模更小。以上回归结果再次验证了假设 5 - 1 成立。

表 5 - 6 **PSM 匹配平衡性检验结果**

变量		均值		标准偏差（%）	标准偏差减少幅度（%）	t - test	
		处理组	控制组			t	p > t
Pay	匹配前	0. 8172	0. 78947	7. 0		0. 80	0. 425
	匹配后	0. 82609	0. 81689	2. 3	66. 8	0. 28	0. 778
RPT	匹配前	0. 13978	0. 23482	-24. 5		-2. 82	0. 005
	匹配后	0. 1413	0. 13965	0. 4	98. 3	0. 06	0. 955
MAR	匹配前	0. 17921	0. 22672	-11. 8		-1. 36	0. 176
	匹配后	0. 17391	0. 17694	-0. 8	93. 6	-0. 09	0. 926
Dom	匹配前	0. 9319	0. 92308	3. 4		0. 39	0. 697
	匹配后	0. 93116	0. 91826	5. 0	-46. 3	0. 57	0. 566
LnSize	匹配前	21. 409	21. 418	-1. 2		-0. 14	0. 890
	匹配后	21. 412	21. 415	-0. 5	56. 8	-0. 06	0. 951
LEV	匹配前	0. 37144	0. 37096	0. 3		0. 03	0. 972
	匹配后	0. 37123	0. 37248	-0. 8	-156. 9	-0. 09	0. 927
State	匹配前	0. 01792	0. 04049	-13. 4		-1. 55	0. 121
	匹配后	0. 01812	0. 01642	1. 0	92. 5	0. 15	0. 879
ROA	匹配前	0. 06406	0. 06044	10. 5		1. 20	0. 232
	匹配后	0. 06391	0. 06248	4. 1	60. 7	0. 49	0. 627
Growth	匹配前	0. 78762	1. 0161	-6. 5		-0. 76	0. 451
	匹配后	0. 80123	0. 83708	-1. 0	84. 3	-0. 13	0. 895
Turnover	匹配前	0. 63788	0. 57228	16. 9		1. 92	0. 055
	匹配后	0. 63224	0. 60458	7. 1	57. 8	0. 84	0. 400
MB	匹配前	1. 9599	1. 9727	-1. 5		-0. 17	0. 861
	匹配后	1. 958	1. 9446	1. 6	-5. 4	0. 19	0. 848
Top1	匹配前	37. 042	38. 741	-12. 7		-1. 46	0. 146
	匹配后	37. 2	37. 4575	-1. 9	84. 9	-0. 23	0. 819
Indpr	匹配前	0. 37154	0. 38301	-22. 4		-2. 58	0. 010
	匹配后	0. 3718	0. 37056	2. 4	89. 1	0. 31	0. 760
Pmnghld	匹配前	0. 31747	0. 31284	2. 1		0. 24	0. 809
	匹配后	0. 31544	0. 313	1. 1	47. 2	0. 13	0. 894

表 5-7　　PSM 回归结果

变量	(1)
	GW_asset
VC	-0.370** (-2.08)
Pay	-1.525*** (-5.90)
RPT	0.109 (0.41)
MAR	1.503*** (4.86)
Dom	-0.559 (-1.62)
LnSize	-0.520*** (-3.66)
LEV	0.267 (0.38)
State	0.562 (1.04)
ROA	-6.318* (-1.85)
Growth	0.028 (1.60)
Turnover	-0.517* (-1.77)
MB	-0.013 (-0.08)
Top1	-0.007 (-0.99)
Indpr	-0.518 (-0.31)
Pmnghld	0.026 (0.07)

续表

变量	(1)
	GW_asset
截距	9.556*** (2.90)
Year	已控制
Ind	已控制
样本量	519
ADJ R^2	0.33

注：***、**、*分别表示1%、5%、10%的显著性水平；括号中输出的值为t值。

三、重新度量被解释变量

前述被解释变量GW_asset主要使用期末总资产去除规模的影响，借鉴潘红波等（2019）研究，我们使用期末净资产去除规模的影响进行稳健性检验。具体地，GW_net用并购方企业的商誉账面原值除以期末净资产的自然对数表示。重新回归后的结果见表5-8。在表5-8中，VC的系数为-0.361，且在5%水平下通过显著性检验，说明相比无风险投资持股的企业，有风险投资持股的企业并购商誉规模更小。以上回归结果再次验证了假设5-1成立。

表5-8　　重新度量被解释变量回归结果

变量	(1)
	GW_net
VC	-0.361** (-2.03)
Pay	-1.580*** (-6.24)
RPT	0.038 (0.15)
MAR	1.524*** (4.98)

续表

变量	(1)
	GW_net
Dom	-0.569 (-1.64)
LnSize	-0.525*** (-3.73)
LEV	2.058*** (2.96)
State	0.578 (1.07)
ROA	-6.509* (-1.92)
Growth	0.027 (1.55)
Turnover	-0.456 (-1.56)
MB	-0.004 (-0.02)
Top1	-0.007 (-1.05)
Indpr	-0.929 (-0.56)
Pmnghld	0.014 (0.04)
截距	9.772*** (3.00)
Year	已控制
Ind	已控制
样本量	526
ADJ R^2	0.34

注：***、**、*分别表示1%、5%、10%的显著性水平；括号中输出的值为t值。

第六节 进一步分析

一、风险投资参与度分析

（一）风险投资持股比例

对被投资企业而言，风险投资在被投资企业的持股比例越高，其对被投资企业并购失败带来的损失分担也更大，这会促使风险投资更大限度地发挥其增值效应，从而更能降低被投资企业与标的方之间的信息不对称程度以及抑制管理层的机会主义动机和大股东的利益侵占动机，最终帮助被投资企业缓解并购商誉高估问题。因此，我们预测风险投资的持股比例越高，被投资企业的并购商誉规模越小。具体的实证回归结果见表5-9。在表5-9中，解释变量风险投资持股比例（VC_share）以被投资企业中风险投资总持股比例（VC=1的条件下）衡量，其余控制变量和模型5-1相同。在表5-9中，VC_share系数为-0.026且在10%的水平下通过显著性检验，说明风险投资的持股比例越高，被投资企业的并购商誉规模越小，这与我们的预测一致。

表5-9　　风险投资持股比例回归结果

变量	(1)
	GW_asset
VC_share	-0.026* (-1.87)
Pay	-1.564*** (-6.22)
RPT	0.065 (0.26)
MAR	1.501*** (4.88)
Dom	-0.516 (-1.46)

续表

变量	(1)
	GW_asset
LnSize	−0.541*** (−3.81)
LEV	0.414 (0.59)
State	0.575 (1.05)
ROA	−6.483* (−1.92)
Growth	0.029* (1.71)
Turnover	−0.509* (−1.74)
MB	0.017 (0.11)
Top1	−0.008 (−1.12)
Indpr	−0.944 (−0.58)
Pmnghld	−0.007 (−0.02)
截距	10.048*** (3.07)
Year	已控制
Ind	已控制
样本量	279
ADJ R^2	0.41

注：***、**、*分别表示1%、5%、10%的显著性水平；括号中输出的值为t值。

（二）风险投资家数

一方面，当被投资企业拥有多家风险投资时，不同成员之间具有异质性的资源，这可以为被投资企业提供更专业的并购咨询服务、形成更广泛的社会关系网络以及更好地发挥监督治理作用，从而更能降低被投资企业与标的方之间的信息不对称程度以及抑制管理层的机会主义动机和大股东的利益侵占动机，最终帮助被投资企业缓解并购商誉高估问题。另一方面，多家风险投资持股也可能存在风险投资相互搭便车的现象，使得风险投资持股的家数越多反而越不利于其对被投资企业发挥增值效应，最终导致多家风险投资持股的企业并购商誉规模更大。综上所述，我们事前不对风险投资持股家数与被投资企业并购商誉规模之间的关系进行预测。表 5 - 10 列示了具体的实证回归结果。在表 5 - 10 中，解释变量为风险投资家数（VC_js），该指标以投资于同一企业的风险投资总数（VC = 1 的条件下）衡量，其余控制变量和模型 5 - 1 相同。在表 5 - 10 中，VC_js 系数为 - 0.132 且在 5% 的水平下通过显著性水平检验，说明风险投资家数越多，其越能发挥增值效应，使得被投资企业的并购商誉规模越小。

表 5 - 10　　风险投资家数回归结果

变量	(1)
	GW_asset
VC_js	-0.132** (-2.34)
Pay	-1.550*** (-6.18)
RPT	0.049 (0.19)
MAR	1.511*** (4.92)
Dom	-0.511 (-1.45)
LnSize	-0.548*** (-3.87)
LEV	0.287 (0.41)
State	0.589 (1.07)

续表

变量	(1)
	GW_asset
ROA	-6.516* (-1.93)
Growth	0.027 (1.58)
Turnover	-0.483* (-1.66)
MB	-0.033 (-0.22)
Top1	-0.007 (-1.01)
Indpr	-1.120 (-0.69)
Pmnghld	0.017 (0.04)
截距	10.395*** (3.18)
Year	已控制
Ind	已控制
样本量	279
ADJ R^2	0.41

注：***、**、*分别表示1%、5%、10%的显著性水平；括号中输出的值为t值。

二、外部环境分析

（一）市场化水平

我们采用王小鲁等编制的《中国分省份市场化指数报告（2018）》中的市场化指数衡量市场化水平来进行分组检验。具体地，若公司当年市场化水平低于样本年度中位数，则作为市场化水平高组样本，反之则作为市场化水平低组样本。此外，由于《中国分省份市场化指数报告（2018）》列示的数据仅至

2016 年，对此，我们使用趋势分析法（三年滚动期）对 2017 ~ 2018 年的市场化指数进行了测算，具体的实证回归结果见表 5 - 11。在表 5 - 11 中，我们发现无论在市场化水平较高的组中还是在市场化水平较低的组中，VC 的系数尽管均为负数却未通过显著性检验。这说明在市场化水平不同的地区，有风险投资持股企业和无风险投资持股企业的并购商誉规模之间并没有显著差异。

表 5 - 11　　　　市场化水平回归结果

变量	GW_asset	GW_asset
	市场化水平高组	市场化水平低组
VC	-0.400 (-1.23)	-0.336 (-1.48)
Pay	-1.729*** (-3.79)	-1.291*** (-5.15)
RPT	0.446 (1.09)	-0.210 (-0.62)
MAR	0.910 (1.39)	1.932*** (7.10)
Dom	-0.285 (-0.45)	-0.655* (-1.87)
LnSize	-0.754*** (-2.79)	-0.539*** (-2.88)
LEV	0.524 (0.47)	0.404 (0.42)
State	-0.837 (-0.33)	0.535 (1.16)
ROA	-6.656 (-1.21)	-4.043 (-0.96)
Growth	-0.220 (-1.56)	0.062 (0.36)
Turnover	-1.437*** (-3.37)	0.041 (0.09)
MB	-0.093 (-0.51)	-0.101 (-0.51)

续表

变量	GW_asset	GW_asset
	市场化水平高组	市场化水平低组
Top1	-0.013 (-0.99)	-0.007 (-0.88)
Indpr	-1.989 (-0.65)	0.152 (0.07)
Pmnghld	-0.176 (-0.25)	0.073 (0.13)
截距	16.791*** (2.71)	9.269** (2.17)
Year	已控制	已控制
Ind	已控制	已控制
样本量	209	317
ADJ R^2	0.35	0.34

注：***、**、*分别表示1%、5%、10%的显著性水平；括号中输出的值为t值。

（二）市场竞争程度

我们采用赫芬达尔指数衡量市场竞争程度来进行分组检验，具体为公司主营业务收入占其所在行业市场份额的比例。具体地，若公司当年主营业务收入占其所在行业市场份额的比例低于样本年度中位数，则作为市场竞争程度高组样本，反之则作为市场竞争程度低组样本，具体的实证回归结果见表5-12。在表5-12中，我们发现在市场竞争程度较高的组中，VC的系数为-0.545且在10%的水平下通过显著性检验；但在市场竞争程度较低组中，VC的系数尽管为负却未通过显著性检验。这说明市场竞争程度越高，风险投资越能发挥其增值效应，从而降低了被投资企业的并购商誉规模。

表5-12　　市场竞争程度回归结果

变量	GW_asset	GW_asset
	市场竞争程度高组	市场竞争程度低组
VC	-0.545* (-1.73)	-0.074 (-0.32)

续表

变量	GW_asset	GW_asset
	市场竞争程度高组	市场竞争程度低组
Pay	-1.391*** (-4.58)	-1.770*** (-4.36)
RPT	-0.267 (-0.65)	0.273 (0.82)
MAR	1.643*** (4.92)	1.254** (2.19)
Dom	-0.463 (-1.20)	-0.615 (-1.01)
LnSize	-0.651*** (-2.82)	-0.598*** (-3.09)
LEV	0.940 (0.91)	-0.082 (-0.08)
State	0.989 (1.00)	0.769 (1.56)
ROA	-6.615 (-1.27)	-9.590** (-1.97)
Growth	-0.114 (-1.01)	0.021 (0.10)
Turnover	-0.707** (-2.17)	-0.046 (-0.06)
MB	-0.031 (-0.11)	0.020 (0.12)
Top1	-0.011 (-1.18)	-0.003 (-0.27)
Indpr	-1.693 (-0.62)	-1.546 (-0.68)
Pmnghld	0.072 (0.12)	0.087 (0.16)
截距	13.490** (2.47)	11.471*** (2.60)

续表

变量	GW_asset	GW_asset
	市场竞争程度高组	市场竞争程度低组
Year	已控制	已控制
Ind	已控制	已控制
样本量	262	264
ADJ R^2	0.30	0.38

注：***、**、*分别表示1%、5%、10%的显著性水平；括号中输出的值为t值。

三、作用机理分析

在假设中，我们提到对标的方资产的估价偏差和代理问题是导致商誉高估的主要原因，一方面风险投资吸引资源功能和咨询功能的发挥能够向被投资企业提供关于标的方的更多信息，降低并购双方之间的信息不对称程度，从而缓解因估值偏差带来的商誉高估问题。另一方面，风险投资监督治理功能的发挥能够缓解因代理问题产生的商誉高估问题。因此，对于作用机理的检验，我们将分别从降低信息不对称和缓解代理冲突两个方面展开。具体的检验过程如下。

（一）降低信息不对称

为了验证风险投资持股能够降低被投资企业与标的方之间的信息不对称程度，从而降低因估值偏差带来的商誉高估问题，我们分别根据是否为关联交易、是否重大资产重组以及是否为境内并购设置了三种信息情景进行分组检验。这三组变量均为虚拟变量，其中，针对是否为关联交易（RPT），我们在回归分析时，关联交易取值为1，否则为0；针对是否为重大资产重组（MAR），我们在回归分析时，重大资产重组取值为1，否则为0；针对是否为境内并购（Dom），我们在回归分析时，境内并购取值为1，否则为0。已有研究表明相比关联交易并购事件，在非关联交易并购事件中，并购交易双方之间的信息不对称程度更高（杨超等，2018）。因此，我们认为风险投资在非关联交易并购事件中更能发挥作用，具体表现为其更能降低非关联交易并购事件企业的并购商誉规模。相比重大资产重组并购事件，在非重大资产重组并购事件中，并购交易双方之间的信息不对称程度更高。因此，我们认为风险投资在非重大资产重组并购事件中更能发挥作用，具体表现为其更能降低非重大资产重组并购事件企业的并购商誉规模。相比境内并购，境外并购受到政治与法律环境、经济环境以及社会与文化环境影响与境内并购环境差别较大，无论是对并购方还是标的方来说，境外并购面临的并购风险均更大，信息不对称程度也更高。因此，我们认为风险投资在境外并购事件中更能发挥作用，具体表现为其更能降低境外并购事件企业的并购商誉规模。具体的实证回归结果见表 5－13 至表 5－15。

在表 5－13 中，第二列和第三列列示了风险投资在关联交易和非关联交易并购中并购商誉规模（GW_asset）的差异。结果显示，在非关联交易并购的组中，VC 的系数为－0.481 且在 5% 的水平下通过显著性检验。但在关联交易并购的组中，VC 的系数却未通过显著性检验。这表明风险投资在信息不对称程度更高的非关联交易并购活动中更能发挥作用，从而显著降低了非关联交易并购事件的并购商誉规模。

在表 5－14 中，第二列和第三列列示了风险投资在重大资产重组和非重大资产重组并购中并购商誉规模（GW_asset）的差异。结果显示，在非重大资产重组并购的组中，VC 的系数为－0.390 且在 10% 的水平下通过显著性检验。但在重大资产重组并购的组中，VC 的系数却未通过显著性检验。这表明风险投资在信息不对称程度更高的非重大资产重组并购活动中更能发挥作用，从而显著降低了非重大资产重组并购事件的并购商誉规模。

在表 5－15 中，第二列和第三列列示了风险投资在境内并购和境外并购中并购商誉规模（GW_asset）的差异。结果显示，在境外并购的组中，VC 的系数为－0.340 且在 10% 的水平下通过显著性检验。但在境内并购的组中，VC 的系数却未通过显著性检验。这表明风险投资在信息不对称程度更高的境外并购活动中更能发挥作用，从而显著降低了境外并购事件的并购商誉规模。

表 5－13 至表 5－15 的回归结果表明风险投资在信息不对称程度更高的非关联交易、非重大资产重组以及境外并购活动中更能发挥其吸引资源功能和咨询功能，这能够降低被投资企业与标的方之间的信息不对称程度，从而降低因估值偏差带来的商誉高估问题。

表 5-13 降低信息不对称——关联交易

变量	GW_asset	GW_asset
	关联交易	非关联交易
VC	0.206 (0.65)	-0.481** (-2.25)
Pay	-1.741*** (-4.26)	-1.467*** (-4.86)
MAR	1.485*** (3.51)	1.492*** (3.56)
Dom	-1.359 (-1.03)	-0.498 (-1.39)
LnSize	-0.432 (-1.53)	-0.585*** (-3.45)
LEV	0.330 (0.25)	0.606 (0.75)
State	0.056 (0.08)	0.610 (0.77)
ROA	-0.900 (-0.12)	-6.013 (-1.57)
Growth	0.023 (0.73)	0.028 (1.25)
Turnover	-1.241* (-1.80)	-0.394 (-1.21)
MB	0.216 (1.00)	-0.024 (-0.13)
Top1	0.002 (0.18)	-0.008 (-1.09)
Indpr	-0.495 (-0.15)	-0.748 (-0.40)
Pmnghld	-0.230 (-0.27)	0.099 (0.23)
截距	8.355 (1.22)	10.780*** (2.80)

续表

变量	GW_asset	GW_asset
	关联交易	非关联交易
Year	已控制	已控制
Ind	已控制	已控制
样本量	97	429
ADJ R^2	0.56	0.18

注：***、**、*分别表示1%、5%、10%的显著性水平；括号中输出的值为t值。

表5-14　　降低信息不对称——重大资产重组

变量	GW_asset	GW_asset
	重大资产重组	非重大资产重组
VC	-0.114 (-0.44)	-0.390* (-1.78)
Pay	-0.974*** (-3.43)	-1.629*** (-5.82)
RPT	0.186 (0.73)	-0.097 (-0.24)
Dom	2.072 (1.21)	-0.897*** (-3.22)
LnSize	-0.165 (-0.66)	-0.568*** (-3.20)
LEV	-1.380 (-1.26)	0.557 (0.64)
State	-1.161* (-1.93)	0.735 (1.17)
ROA	-10.613* (-1.69)	-6.538* (-1.73)
Growth	-0.001 (-0.01)	0.030 (1.27)
Turnover	-0.022 (-0.05)	-0.507 (-1.49)
MB	0.439* (1.87)	-0.041 (-0.22)

续表

变量	GW_asset	GW_asset
	重大资产重组	非重大资产重组
Top1	-0.001 (-0.15)	-0.011 (-1.38)
Indpr	0.794 (0.38)	-1.397 (-0.68)
Pmnghld	-0.738* (-1.76)	0.151 (0.32)
截距	-0.535 (-0.08)	11.914*** (2.90)
Year	已控制	已控制
Ind	已控制	已控制
样本量	106	420
ADJ R^2	0.30	0.11

注：***、**、*分别表示1%、5%、10%的显著性水平；括号中输出的值为t值。

表5-15　降低信息不对称——境内并购

变量	GW_asset	GW_asset
	境内并购	境外并购
VC	-0.534 (-0.34)	-0.340* (-1.84)
Pay	-1.630 (-0.69)	-1.433*** (-7.16)
RPT	0.232 (0.11)	-0.119 (-0.46)
MAR	-0.827 (-0.30)	1.810*** (8.57)
LnSize	0.499 (0.57)	-0.537*** (-3.58)
LEV	-2.678 (-0.54)	0.448 (0.61)
State	-3.275 (-1.30)	0.923* (1.67)

续表

变量	GW_asset	GW_asset
	境内并购	境外并购
ROA	-3.268 (-0.19)	-8.301** (-2.29)
Growth	-0.294 (-0.77)	0.030* (1.67)
Turnover	-1.021 (-0.43)	-0.358 (-1.16)
MB	-0.285 (-0.35)	0.006 (0.03)
Top1	0.010 (0.10)	-0.010 (-1.42)
Indpr	10.940 (0.72)	-1.372 (-0.80)
Pmnghld	0.539 (0.26)	0.099 (0.23)
截距	-16.528 (-0.83)	9.412*** (2.76)
Year	已控制	已控制
Ind	已控制	已控制
样本量	488	38
ADJ R^2	0.36	-0.02

注：***、**、*分别表示1%、5%、10%的显著性水平；括号中输出的值为t值。

（二）缓解代理冲突

为了验证风险投资监督治理功能的发挥能够缓解因代理问题产生的商誉高估问题，借鉴马宁（2019）的研究，我们选择管理费用率作为第一类代理冲突——所有者与管理者之间代理成本的衡量指标进行分组检验。具体地，我们使用企业管理费用占营业收入的比重计算企业的管理费用率。在分组时，若公司当年管理费用率高于样本年度中位数，则作为代理冲突高组样本，反之则作为代理冲突低组样本。具体的实证回归结果见表5-16。借鉴杨威等（2019）的研究，我们选择第一大股东持股比作为第二类代理冲突——大股东与中小股东之间代理成本的衡量指标进行分组检验。具体地，在分组时，若公司当年第一大股东持股比例高于样本年度中位数，则作为代理冲突高组样本，反之则作为代理冲突低组样本。具体的实证回归结果见表 5-17。

在表 5-16 中，第二列和第三列列示了风险投资持股对第一类代理冲突较高的企业和代理冲突较低的企业并购商誉规模（GW_asset）影响的差异。结果显示，在第一类代理冲突较高的组中，VC 的系数为 -0.549 且在 5% 的水平下通过显著性检验。但在第一类代理冲突较低的组中，VC 的系数却未通过显著性检验。在表 5-17 中，第二列和第三列列示了风险投资持股对第二类代理冲突较高的企业和代理冲突较低的企业并购商誉规模（GW_asset）影响的差异。结果显示，在第二类代理冲突较高的组中，VC 的系数为 -0.372 且在 10% 的水平下通过显著性检验。但在第二类代理冲突较低的组中，VC 的系数却未通过显著性检验。表 5-16 和表 5-17 表明，风险投资在两类代理冲突较高的企业中更能发挥监督治理作用，从而降低被投资企业的并购商誉规模。

表 5-16　　　　缓解第一类代理冲突回归结果

变量	GW_asset	GW_asset
	代理冲突高组	代理冲突低组
VC	-0.549** (-1.99)	-0.210 (-0.95)
Pay	-1.616*** (-4.30)	-1.577*** (-4.26)
RPT	-0.068 (-0.16)	0.060 (0.17)
MAR	1.681*** (5.35)	1.291*** (2.67)
Dom	-0.604 (-1.53)	-0.396 (-0.73)
LnSize	-0.827*** (-3.59)	-0.375* (-1.97)
LEV	1.273 (1.22)	-0.241 (-0.23)

续表

变量	GW_asset	GW_asset
	代理冲突高组	代理冲突低组
State	3.215* (1.84)	0.047 (0.11)
ROA	0.494 (0.09)	-10.250* (-1.94)
Growth	0.047 (1.28)	0.033 (1.62)
Turnover	-0.456 (-1.13)	-0.906 (-0.92)
MB	-0.262 (-0.88)	0.070 (0.33)
Top1	-0.020* (-1.85)	0.005 (0.44)
Indpr	-1.604 (-0.62)	-0.400 (-0.18)
Pmnghld	0.253 (0.42)	0.068 (0.14)
截距	17.610*** (3.32)	5.578 (1.27)
Year	已控制	已控制
Ind	已控制	已控制
样本量	264	262
ADJ R^2	0.34	0.33

注：***、**、*分别表示1%、5%、10%的显著性水平；括号中输出的值为t值。

表5-17　缓解第二类代理冲突回归结果

变量	GW_asset	GW_asset
	代理冲突高组	代理冲突低组
VC	-0.372* (-1.67)	-0.360 (-1.31)
Pay	-1.492*** (-5.35)	-1.974*** (-4.34)

续表

变量	GW_asset 代理冲突高组	GW_asset 代理冲突低组
RPT	0. 345 (1. 05)	-0. 282 (-0. 69)
MAR	1. 437 *** (5. 75)	1. 374 ** (2. 34)
Dom	-0. 891 *** (-2. 86)	-0. 004 (-0. 01)
LnSize	-0. 577 *** (-2. 78)	-0. 708 *** (-3. 42)
LEV	1. 354 (1. 33)	-1. 219 (-1. 10)
State	0. 007 (0. 01)	0. 879 * (1. 73)
ROA	-6. 128 (-1. 45)	-11. 631 * (-1. 83)
Growth	0. 010 (0. 24)	0. 086 (1. 63)
Turnover	-0. 858 ** (-1. 98)	0. 026 (0. 04)
MB	0. 119 (0. 68)	-0. 180 (-0. 69)
Indpr	-1. 289 (-0. 52)	-2. 468 (-0. 80)
Pmnghld	0. 238 (0. 51)	-0. 015 (-0. 02)
截距	11. 860 ** (2. 59)	13. 180 *** (2. 66)
Year	已控制	已控制
Ind	已控制	已控制
样本量	261	265
ADJ R^2	0. 39	0. 28

注：***、**、*分别表示1%、5%、10%的显著性水平；括号中输出的值为t值。

四、风险投资与商誉减值分析

企业商誉减值向外界传达了两个信号：一是，企业在并购初始高估商誉，后期不得不通过商誉减值进行盈余操纵，以此来掩盖并购初始商誉高估的事实；二是，企业并购后整合效果不佳，致使并购商誉给企业带来的预期经济效益不能实现而导致商誉减值。在假设 5－1 中，我们已经说明了风险投资持股能够有效缓解企业并购初始的商誉高估问题，这也有助于从源头上降低企业后期利用商誉减值进行盈余操纵的动机。而从资源整合的角度来看，风险投资持股能够改善公司的治理机制，而公司治理机制越完善，企业员工的整体素质也会越高，他们在理解公司的战略目标时产生偏误的概率也会越小，对公司战略和经营理念的宣传也会越到位。因此，标的方也就更容易认同并接受并购方的整合方案，从而缓解标的方的抵触和怀疑情绪，甚至主动接受并购方的整合方案，最终提高并购整合效率。此外，风险投资也非常擅长设计有效的激励制度。研究发现风险投资对管理层实施的股权激励有效且重要（Gompers 等，2016），还能够显著提高企业高管的薪酬业绩敏感性（王会娟和张然，2012）。因此风险投资可以通过设置合理的薪酬激励机制，激发各级管理层工作的热情，从而提高并购整合的效率。根据以上分析，我们认为相比无风险投资持股的企业，有风险投资持股的企业后期商誉减值的概率和商誉减值的规模更小。为检验上述猜想，我们设置了以下两个指标衡量上市公司商誉减值：（1）商誉减值概率（GWdev_dum），其为虚拟变量，若上市公司在报告期发生商誉减值，则 GWdev_dum 取值 1，否则为 0。（2）商誉减值规模（GWdev_scale），用报告期商誉减值累计金额除以商誉账面原值来衡量。具体的实证回归结果见表 5－18。

在表 5－18 中，第（1）列列示了风险投资对被投资企业商誉减值概率的影响，第（2）列列示了风险投资对被投资企业商誉减值规模的影响。我们发现这两列中 VC 的系数均为负数，且至少在 10% 的水平下通过显著性检验，说明相比无风险投资持股的企业，有风险投资持股的企业商誉减值的概率和商誉减值的规模均更小。

表 5-18　　风险投资与并购商誉减值回归结果

变量	(1)	(2)
	GWdev_dum	GWdev_scale
VC	-0.294** (-2.41)	-0.059* (-1.69)
Pay	-0.280 (-1.23)	-0.032 (-0.59)
RPT	-0.231 (-1.23)	0.015 (0.27)
MAR	0.216 (0.98)	-0.037 (-0.69)
Dom	-0.227 (-1.00)	-0.018 (-0.25)
LnSize	0.217** (2.02)	0.049 (1.62)
LEV	-1.617*** (-2.98)	-0.312** (-2.06)
State	-0.651* (-1.79)	-0.215** (-2.34)
ROA	-5.121** (-2.27)	-0.353 (-0.54)
Growth	0.013 (0.76)	0.006 (1.31)
Turnover	-0.144 (-0.79)	-0.026 (-0.51)
MB	-0.023 (-0.26)	-0.008 (-0.27)
Top1	0.002 (0.37)	-0.001 (-0.60)
Indpr	-3.224*** (-2.68)	-0.733** (-2.35)
Pmnghld	-0.462* (-1.65)	-0.106 (-1.27)

续表

变量	(1)	(2)
	GWdev_dum	GWdev_scale
截距	-0.864 (-0.36)	0.180 (0.26)
Year	已控制	已控制
Ind	已控制	已控制
样本量	526	526
Pseudo R^2/ADJ R^2	0.10	0.05

注：***、**、*分别表示1%、5%、10%的显著性水平；括号中输出的值为t值或z值。

五、风险投资、多元化并购与并购商誉

前面我们研究发现相比无风险投资持股的企业，有风险投资持股的企业在并购时更倾向于进行非多元化并购。在本章中，我们将进一步验证相比无风险投资持股的企业，有风险投资持股的企业在进行非多元化并购时，其后期并购商誉规模及商誉减值的可能性和减值的规模是否更小。

在表5-19中，第（1）列列示了在进行非多元化并购的企业中，有风险投资持股和无风险投资持股的企业后期并购商誉规模的差异。结果显示，VC的系数为-0.385且在5%的水平下通过显著性检验。这表明相比无风险投资持股的企业，有风险投资持股的企业在进行非多元化并购后，其后期并购商誉规模更小。第（2）列和第（3）列列示了在进行非多元化并购的企业中，有风险投资持股和无风险投资持股的企业后期并购商誉减值的可能性和减值规模的差异。结果显示，在第（2）列中，VC的系数为-0.385且在1%的水平下通过显著性检验；在第（3）列中，VC的系数为-0.068且在10%的水平下通过显著性检验。这表明相比无风险投资持股的企业，有风险投资持股的企业在进行非多元化并购后，其后期并购商誉减值的可能性和减值的规模也更小。结合假设3-1说明风险投资在被投资企业进行并购时，其更倾向于促使被投资企业进行非多元化并购。在并购完成后，风险投资也更能为被投资企业提供增值服务，显著降低了被投资企业的并购商誉规模以及商誉发生减值的可能性和减值的规模，能够有效抑制并购商誉泡沫。

表 5-19　　风险投资、多元化并购与并购商誉回归结果

变量	(1)	(2)	(3)
	GW_asset	GWdev_dum	GWdev_scale
VC	-0.385** (-2.10)	-0.355*** (-2.77)	-0.068* (-1.84)
Pay	-1.619*** (-5.88)	-0.274 (-1.15)	-0.028 (-0.50)
RPT	-0.030 (-0.11)	-0.279 (-1.43)	-0.002 (-0.03)
MAR	1.484*** (4.63)	0.230 (0.99)	-0.016 (-0.28)
Dom	-0.537 (-1.51)	-0.159 (-0.67)	-0.039 (-0.53)
LnSize	-0.505*** (-3.48)	0.244** (2.17)	0.048 (1.58)
LEV	0.282 (0.38)	-1.282** (-2.25)	-0.230 (-1.41)
State	0.668 (1.20)	-0.823** (-2.26)	-0.282*** (-4.09)
ROA	-7.655** (-2.27)	-4.582* (-1.94)	-0.158 (-0.23)
Growth	0.032* (1.67)	0.013 (0.68)	0.004 (0.76)
Turnover	-0.665** (-2.18)	-0.142 (-0.76)	-0.034 (-0.68)
MB	0.108 (0.79)	-0.038 (-0.41)	-0.014 (-0.51)
Top1	-0.006 (-0.93)	0.001 (0.16)	-0.001 (-0.71)
Indpr	-0.426 (-0.25)	-2.401* (-1.92)	-0.626* (-1.94)
Pmnghld	-0.090 (-0.22)	-0.597** (-2.04)	-0.159* (-1.81)

续表

变量	(1)	(2)	(3)
	GW_asset	GWdev_dum	GWdev_scale
截距	9.666 *** (2.87)	-1.920 (-0.76)	0.188 (0.27)
Year	已控制	已控制	已控制
Ind	已控制	已控制	已控制
样本量	479	477	479
Pseudo R^2/ADJ R^2	0.33	0.10	0.05

注：***、**、*分别表示1%、5%、10%的显著性水平；括号中输出的值为t值或z值。

六、风险投资、并购支付方式与并购商誉

前面我们研究发现相比无风险投资持股的企业，有风险投资持股的企业在并购时更倾向于选择现金支付方式。在本章中，我们将进一步验证相比无风险投资持股的企业，有风险投资持股的企业在采用现金支付方式时，其后期并购商誉规模及商誉减值的可能性和减值的规模是否更小。

在表5-20中，第（1）列列示了在选择现金支付方式的企业中，有风险投资持股和无风险投资持股的企业后期并购商誉规模的差异。结果显示，VC的系数为-0.403且在10%的水平下通过显著性检验。这表明相比无风险投资持股的企业，有风险投资持股的企业在选择现金支付方式后，其后期并购商誉规模更小。第（2）列和第（3）列列示了在选择现金支付方式的企业中，有风险投资持股和无风险投资持股的企业后期并购商誉减值的可能性和减值的规模的差异。结果显示，在第（2）列中，VC的系数为-0.325且在5%的水平下通过显著性检验；在第（3）列中，VC的系数为-0.047但是未通过显著性检验。这表明相比无风险投资持股的企业，有风险投资持股的企业在选择现金支付方式后，其后期并购商誉减值的可能性更小。尽管在此并购模式下，风险投资持股对被投资企业后期并购商誉减值的规模没有显著影响，但是它们之间也存在负相关关系。结合假设4-1说明风险投资在被投资企业进行并购时，其更倾向于促使被投资企业选择现金支付方式。在并购完成后，风险投资也更能为被投资企业提供增值服务，显著降低了被投资企业的并购商誉规模以及商

誉发生减值的可能性，能够有效抑制并购商誉泡沫。

表 5 - 20　　风险投资、并购支付方式与并购商誉回归结果

变量	(1)	(2)	(3)
	GW_asset	GWdev_dum	GWdev_scale
VC	-0.403* (-1.81)	-0.325** (-2.37)	-0.047 (-1.16)
RPT	-0.167 (-0.41)	-0.276 (-1.11)	-0.011 (-0.14)
MAR	1.555*** (3.32)	0.124 (0.43)	-0.122** (-1.98)
Dom	-0.682* (-1.88)	-0.235 (-0.97)	-0.023 (-0.30)
LnSize	-0.530*** (-2.97)	0.156 (1.28)	0.025 (0.71)
LEV	0.439 (0.49)	-1.255* (-1.94)	-0.147 (-0.78)
State	0.984 (1.28)	-0.310 (-0.74)	-0.112 (-0.89)
ROA	-7.321* (-1.88)	-5.419** (-2.20)	-0.028 (-0.04)
Growth	0.030 (1.13)	0.010 (0.49)	0.003 (0.48)
Turnover	-0.531 (-1.61)	-0.110 (-0.57)	-0.036 (-0.66)
MB	-0.053 (-0.28)	-0.093 (-0.90)	-0.019 (-0.60)
Top1	-0.008 (-0.92)	0.003 (0.55)	-0.000 (-0.29)
Indpr	-1.204 (-0.58)	-4.137*** (-3.04)	-0.836** (-2.33)
Pmnghld	-0.091 (-0.19)	-0.311 (-0.99)	-0.145 (-1.53)

续表

变量	(1)	(2)	(3)
	GW_asset	GWdev_dum	GWdev_scale
截距	9.304** (2.31)	0.354 (0.13)	0.719 (0.89)
Year	已控制	已控制	已控制
Ind	已控制	已控制	已控制
样本量	423	421	423
Pseudo R^2/ADJ R^2	0.11	0.09	0.02

注：***、**、*分别表示1%、5%、10%的显著性水平；括号中输出的值为t值或z值。

七、本章小结

商誉泡沫问题是当前资本市场关注的重要问题，探究并购商誉的影响因素对于有效抑制并购商誉泡沫，防范化解金融风险具有重要意义。不同于以往的研究，本章内容从风险投资视角考察了风险投资对企业并购商誉的影响及作用机理。研究发现，相比无风险投资持股的企业，有风险投资持股的企业并购商誉规模更小。采用Heckman两阶段回归、PSM分析以及重新度量被解释变量进行稳健性检验后，上述结论依然成立。进一步研究发现：（1）从风险投资参与度视角来看，风险投资的参与度越高，被投资企业的并购商誉规模越小，其中参与度我们通过持股比例和持股家数两个指标衡量。（2）从外部环境视角来看，在市场竞争程度（行业层面）较高的地区，相比无风险投资持股的企业，有风险投资持股的企业并购商誉规模更小。而在市场化水平（宏观层面）不同的地区，有风险投资持股的企业和无风险投资持股的企业并购商誉规模之间并没有显著差异。（3）作用机理分析发现，从信息不对称角度来看，风险投资能够通过降低并购双方的信息不对称程度来提高被投资企业对标的资产估值的准确性，从而降低并购商誉规模。其中，信息不对称我们使用是否关联交易、是否重大资产重组以及是否境内并购三组指标进行衡量。从代理问题角度来看，风险投资能够缓解股东与管理层之间以及大股东与中小股东之间的代理冲突，从而降低并购商誉规模。（4）从后期商誉减值视角来看，相比无风险投资持股的企业，有风险投资持股的企业后期商誉减值的概率和商誉减值的规模也更小。(5) 结合风险投资持股与企业多元化并购的研究内容，我们研究发现相比无风险投资持股的企业，有风险投资持股的企业在进行非多元化并购后，其并购商誉规模以及后期商誉减值的可能性和减值的规模也更小。(6) 结合风险投资持股与企业并购支付方式的研究内容，我们研究发现相比无风险投资持股的企业，有风险投资持股的企业在选择现金支付方式后，其并购商誉规模以及后期商誉减值的可能性也更小。以上结论说明风险投资持股能够优化企业并购决策并有效抑制并购商誉泡沫。

第六章　风险投资持股与并购绩效

第一节　引　　言

企业的并购活动是否能够优化资源配置并产生良好的经济后果？这是研究关注的重点。并购绩效作为并购经济后果中最重要的经济后果，更是受到了学者们广泛的关注。那么风险投资参与企业并购活动是否能够产生良好的并购绩效呢？这是本章研究关注的第一个问题。考虑到李曜和宋贺（2017）已经对风险投资持股对企业并购绩效的影响进行了较为深入的研究，因此在本章中，我们将不再对风险投资持股对企业并购绩效的影响展开深入探讨。本章的研究和李曜和宋贺（2017）的研究不同之处在于：一是研究样本不同，李曜和宋贺（2017）的研究主要以创业板上市公司为样本，本文则以A股上市公司为样本。二是作用机理不同，李曜和宋贺（2017）的研究主要从降低并购成本和提高内部控制质量视角进行机理分析，本书则从降低信息不对称和缓解代理冲突视角进行机理分析。此外，前面我们研究发现在进行并购决策时，有风险投资持股的企业更倾向于进行非多元化并购和采用现金支付方式。那么在这些并购决策模式下，有风险投资持股的企业其事后是否能够产生更好的市场反应呢？这是本章研究关注的另一个问题。

基于此，本章内容以2014~2018年首次IPO的A股上市公司作为主并方的并购事件为基础样本，通过实证分析检验风险投资持股对企业并购绩效的影响。研究发现相比无风险投资持股的企业，有风险投资持股的企业短期并购绩效和长期并购绩效更高。采用Heckman两阶段回归、PSM分析以及重新度量被解释变量进行稳健性检验后，上述结论依然成立。作用机理研究发现，风险投资对企业并购绩效的影响主要是通过降低信息不对称和缓解代理冲突实现的。此外，结合风险投资持股与企业多元化并购的研究内容，研究发现相比无风险投资持股的企业，有风险投资持股的企业在进行非多元化并购后，其短期并购绩效和长期并购绩效也更高。结合风险投资持股与企业并购支付方式的研究内容，研究发现相比无风险投资持股的企业，有风险投资持股的企业在选择现金支付方式后，其短期并购绩效和长期并购绩效也更高。以上结论说明风险投资持股能够优化企业并购决策并提高企业并购绩效。

本章的边际贡献主要有：（1）企业的并购决策蕴含着并购动因，又直接导致了并购经济后果。本书尝试将风险投资、并购决策以及并购绩效三者纳入一个分析框架进行系统性研究，这不仅拓展了风险投资对公司并购影响的研究深度，而且还能够帮助我们进一步厘清风险投资在公司并购活动过程中是如何发挥作用的。（2）本章内容研究表明风险投资持股能够优化企业并购决策并提高企业并购绩效，这可以为公司改善并购决策机制以及监管部门优化监管政策提供参考依据。

第二节　理论分析与假设提出

信息不对称和代理冲突的存在是造成企业并购成本上升以及并购后资源整合难度加大的关键问题。随着对风险投资研究的不断深入，学者们普遍认为风险投资能够利用自身资源能力和社会关系网络为被投资企业提供增值服务，具有增值效应。其增值效应的来源主要有认证功能（Megginson 和 Weiss，1991；吴超鹏等，2012；陈思等，2017）、监督治理功能（Lerner，1995；Kaplan 和 Strömberg，2004；Hellmann 和 Puri，2002；吴超鹏等，2012；吴超鹏和张媛，2017；李曜和宋贺，2017）、吸引资源功能（Barry 等，1990；Kaplan 和 Strömberg，2001；Hochberg 等，2007；蔡宁和何星，2015）以及咨询功能（Cumming 和 Johan，2007；李曜和宋贺，2017；李善民等，2019）。在企业并购过程中，我们认为风险投资能够降低被投资企业并购中面临的信息不对称问题并缓解管理层与股东以及大股东与中小股东之间的代理冲突，从而降低并购成本并提高并购后的资源整合能力。

从降低信息不对称角度来看，（1）风险投资具有认证功能，它可以向外部传递有关企业真实价值的可靠信息，具有信号传递作用，这能够降低被投资企业与标的方及其他外部投资者之间的信息不对称程度（Megginson 和 Weiss，1991）。(2) 风险投资具有监督治理功能，它能够降低被投资企业的盈余管理程度并完善被投资企业的信息披露质量，从而降低被投资企业与标的方及其他外部投资者之间的信息不对称程度（Baker 和 Gompers，2003；Ball 和 Shivakumar，2006；权小锋和徐星美，2017）。(3) 风险投资具有吸引资源功能，它能够利用自身资源能力吸引投资银行、商业银行、律师事务所、会计师事务所以及其他风险投资共同建立社会关系网络（Barry 等，1990；Hochberg 等，2007）。社会关系网络具有信息传播功能（Ellison 和 Fudenberg，1995），关于企业并购的相关信息在关系网络中传播，能够降低被投资企业与标的方及其他外部投资者之间的信息不对称程度。(4) 风险投资具有咨询功能，作为专业投资者，它能够利用自身的行业专长帮助被投资企业（并购方）获取关于投资标的更隐秘的软信息（Kaplan 和 Strömberg，2001），从而降低被投资企业与标的方之间的信息不对称程度。在企业并购过程中主要涉及被投资企业（并购方）、标的方、市场中介机构以及其他外部投资者。首先，被投资企业（并购方）与标的方之间信息不对称程度的降低不仅能为并购方提供更多的标的方的信息，而且也有助于缓解标的方因不了解并购方的资金实力和真实意图而产生的抵触和怀疑情绪，从而有助于降低并购双方相互之间的信息搜集成本以及进行反复磋商的谈判成本，最终降低并购成本。其次，被投资企业（并购方）与市场中介组织之间信息不对称程度的降低，可以吸引到更优质的中介机构参与到企业并购尽职调查中来，这可以帮助被投资企业对标的方的资产、利润、现金流和战略等财务和非财务信息进行更全面细致的分析和判断，准确评估标的方的资产价值，降低并购成本。最后，并购方与外部其他投资者之间信息不对称程度的降低能够改善被投资企业的外部融资环境，降低企业的并购融资成本（吴超鹏等，2012）。此外，交易标的的优化也间接降低了被投资企业后期资源整合的难度。综上所述，在企业并购中，风险投资认证功能、监督治理功能、吸引资源功能以及咨询功能的发挥能够降低被投资企业与标的方及其他外部投资者之间的信息不对称程度，从而降低并购成本并降低企业并购后的资源整合难度，提高并购绩效。

从缓解代理冲突角度来看，风险投资具有监督治理功能。研究发现，风险投资在决定对企业进行投资后，一方面，他们会利用自身社会关系网络协助被投资企业招募更优秀的管理团队、聘任或者解聘 CEO、实施分阶段融资以及可转债等手段对被投资企业进行持续监督（Hellmann 和 Puri，2002；Kaplan 和 Stromberg，2003）。另一方面，他们往往也会选择进驻被投资企业董事会并帮助被投资企业选聘有金融或财务知识背景的专业人员担任外部董事，提高被投资企业董事会的规模以及独立董事占比（Baker 和 Gompers，2003；袁蓉丽等，2014），提升公司治理水平。Fried 等（1998）研究发现，相比无风险投资持股的企业，有风险投资持股的企业董事会对企业战略的参与度显著更高。而并购作为企业的一项重要战略活动，企业的并购决策方案往往需要提交董事会审议。因此，有风险投资持股的企业董事会对并购方案的审核会更加严格。这些能够抑制管理层为满足私人利益以及大股东为获得控制权私利而高溢价并购一些与企业战略目标不一致、整合失败风险较高的并购标的。此外，公司治理机制越完善，企业员工的整体素质也会越高，他们在理解公司的战略目标时产生偏误的概率也会更低，对公司战略和经营理念的宣传也会更到位。因此，标的方也就更容易认同并接受并购方的整合方案，从而缓解标的方的抵触和怀疑情绪，甚至主动接受并购方的整合方案，最终提高并购整合效率。公司治理机制的完善还可以使各级管理层和员工明确自己在并购整合中的权利和义务，从而减少职能重叠，提高执行效率，加快并购后的资源整合。同时，风险投资也非常擅长设计有效的激励制度。研究发现风险投资对管理层实施的股权激励有效且重要（Gompers 等，2016），还能够显著提高企业高管的薪酬业绩敏感性（王会娟和张然，2012）。因此风险投资可以通过设置合理的薪酬激励机制，激发各级管理层工作的热情，从而提高并购整合的效率。综上所述，在企业并购中，风险投资监督治理功能的发挥能够降低被投资企业股东与管理层之间以及大股东与中小股东之间的代理冲突，提高企业并购后的资源整合能力，从而提高并购绩效。基于以上分析，我们提出假设 6－1。

假设 6－1：相比无风险投资持股的企业，有风险投资持股的企业并购绩效更高

第三节　研究设计

一、样本选择与数据来源

本书首先从 WIND 数据库获取 2014～2018 年首次 IPO 的 A 股上市公司作为

主并方的并购事件，然后，按以下标准对样本进行进一步处理：(1) 保留交易最新进度为完成、过户或者实施的并购事件；(2) 对于同一年度对同一标的进行的多次并购事件将其合并至首起并购事件，作为一起并购事件处理；对于不同年度对同一标的进行的多次并购事件将其视为多起并购事件处理；(3) 若同一上市公司在同一年度完成了多起并购事件，为防止不同并购事件之间相互影响，仅保留该上市公司当年度完成的第一起并购事件；(4) 剔除交易双方有一方所在行业为金融行业的上市公司；(5) 剔除被 ST 的上市公司；(6) 剔除关键变量数据缺失的上市公司；(7) 为了消除极端值可能对结果造成的影响，对所有连续变量进行了上下各 1% 的缩尾处理。经过上述筛选，最终得到 699 个公司年度观测样本。此外，研究所需的风险投资数据来自 CVSOURCE 数据库，并购事件相关信息来自 WIND 数据库以及手工搜集巨潮网上市公司并购交易公告，其他研究所需的数据均来自国泰安数据库。

二、模型设计与变量定义

（一）模型设计

为了验证假设 6-1，参照陈仕华等（2013）以及杨超等（2018）相关研究，本书采用事件研究法计算了公司的短期并购绩效和长期并购绩效用于衡量企业的并购绩效。具体的模型设定如下：

$$
\begin{aligned}
CAR_{i,t}/BHAR_{i,t} = {} & \alpha + \beta_0 VC_{i,t} + \beta_1 Pay_{i,t} + \beta_2 RPT_{i,t} + \beta_3 MAR_{i,t} + \beta_4 LnSize_{i,t} \\
& + \beta_5 State_{i,t} + \beta_6 MB_{i,t} + \beta_7 ROA_{i,t} + \beta_8 LEV_{i,t} + \beta_9 Big4_{i,t} \\
& + \beta_{10} Top1_{i,t} + \beta_{11} Growth_{i,t} + \beta_{12} Turnover_{i,t} + \beta_{13} Indpr_{i,t} \\
& + \beta_{14} Pmnghld_{i,t} + Year + Ind + \varepsilon_{i,t} \qquad (6-1)
\end{aligned}
$$

（二）变量定义

(1) 被解释变量——并购绩效。本书分别采用短期并购绩效和长期并购绩效两个指标衡量并购方并购绩效。其中，短期并购绩效使用并购方在并购首次披露日前后若干个股票交易日的累计异常收益率（CAR）衡量，长期并购绩效使用并购方在并购首次披露当月至考察期结束这一期间公司股票收益率超过市场组合或者对应组合收益率的差额（BHAR）衡量。具体地，在计算CAR值时，我们首先需要定义事件窗口期，本书分别选取并购首次披露日前后一天［-1，1］、两天［-2，2］和三天［-3，3］作为事件窗口期，其中，以事件窗口期［-2，2］计算的CAR值在主回归中使用，以事件窗口期［-1，1］和［-3，3］计算的CAR值在稳健性检验部分使用。此外，本书在确定事件日时，若并购方并购事件首次披露日不是股票交易日，以往后推临近的下一个股票交易日作为事件日。其次，我们需要估算正常收益率。本书采用市场模型法进行估算，即 $R_{i,t} = \alpha_i + \beta_i R_{m,t} + \varepsilon_{i,t}$。其中，$R_{i,t}$表示并购方i在t时点的回报率，以考虑现金红利再投资的日个股回报率衡量；$R_{m,t}$表示市场组合在t时点的回报率，以考虑现金红利再投资的综合日市场回报率（等权平均法）衡量并将并购方首次披露日前150天至30天作为估计窗口，通过回归分析得到α_i和β_i，最终测算出事件窗口期的正常回报率。最后，我们估计出累计异常回报率。将事件窗口期的考虑现金红利再投资的日个股回报率减去估算的正常回报率得到事件窗口期的异常回报率，然后进行时序加总求出累计异常回报率（CAR）。在计算BHAR时，我们首先也需要定义事件窗口期。本书分别选取并购首次披露日所在月份至12个月和24个月作为事件窗口期，其中，以事件窗口期［0，24］计算的BHAR值在主回归中使用，以事件窗口期［0，12］计算的BHAR值在稳健性检验部分使用。然后，我们按照公式 $BHAR_{i,t} = \prod(1 + R_{i,t}) - \prod(1 + R_{p,t})$ 计算BHAR值。其中，$R_{i,t}$表示并购方i在t月的回报率，以考虑现金红利再投资的月个股回报率衡量；$R_{p,t}$表示市场组合在t月的回报率，以考虑现金红利再投资的综合月市场回报率（等权平均法）衡量。

（2）解释变量——风险投资（VC），表示上市公司报告期内是否有风险投资持股，该变量为虚拟变量。若上市公司在报告期内有风险投资持股，则VC取值1，否则为0。在判断一家公司是否有风险投资持股时，借鉴董静等（2017）以及胡刘芬和周泽将（2018）的研究，我们按照以下标准进行认定：（1）风险投资的性质为PE-Growth或者VC-Serise（投资轮次包括A轮、B轮、C轮、D轮和E轮），且投资时点在公司IPO之前。（2）从国泰安数据库下载上市公司十大股东名录，将该名录与CVSOURCE数据库中获取的投资机构名录进行匹配，若前十大股东中至少有一家为风险投资或风险投资基金，则认定该上市公司具有风险投资持股背景。

（3）控制变量。本书从交易层面和公司层面两个层面控制了可能对公司并购绩效产生影响相关因素。交易层面的因素包括：支付方式（Pay）、关联交易（RPT）、重大资产重组（MAR）以及境内并购（Dom）。公司层面的因素包括公司规模（LnSize）、产权性质（State）、资产负债率（LEV）、总资产收益率（ROA）、净利润增长率（Growth）、营运能力（Turnover）、市账比（MB）、股权集中度（Top1）、独立董事占比（Indpr）以及管理层持股比例（Pmnghld），同时我们还控制了年度（Year）和行业效应（Ind）。具体变量描述及定义见表6－1。

表6－1　　变量描述及定义

变量类型	变量名称	变量符号	变量定义
被解释变量	短期并购绩效	CAR	并购方在并购首次披露日前后［－2，2］窗口期的累计异常收益率
	长期并购绩效	BHAR	并购方在并购首次披露当月至披露24个月这一期间公司股票收益率－市场组合或者对应组合收益率
解释变量	风险投资	VC	虚拟变量，若上市公司有风险投资持股取值1，否则为0
控制变量	支付方式	Pay	虚拟变量，若并购支付方式全部为现金支付取值1，否则为0
	关联交易	RPT	虚拟变量，若并购交易为关联交易取值1，否则为0
	重大资产重组	MAR	虚拟变量，若并购交易为重大资产重组取值1，否则为0
	境内并购	Dom	虚拟变量，若并购交易为境内并购取值1，否则为0
	公司规模	LnSize	期末资产总额取自然对数
	资产负债率	LEV	期末总资产/期末总负债
	产权性质	State	虚拟变量，若为国有企业取值1，否则为0
	总资产收益率	ROA	净利润×2/（期初总资产＋期末总资产）
	营业利润增长率	Growth	（期末营业利润－上期末营业利润）/上期末营业利润
	营运能力	Turnover	营业总收入×2/（期初总资产＋期末总资产）

续表

变量类型	变量名称	变量符号	变量定义
控制变量	市账比	MB	市场价值与账面价值之比
	股权集中度	Top1	第一大股东持股比例
	独立董事占比	Indpr	独立董事人数与董事会人数之比
	管理层持股比例	Pmnghld	管理层持股数量/总股本
	年度	Year	年度效应
	行业	Ind	行业效应，按照证监会行业分类 2012 年版划分

第四节　实证分析

一、描述性统计

表 6－2 列示了各变量的描述性统计结果。其中，短期并购绩效 CAR 的平均值为 0.02，中位数为 0.00，中位数小于平均值，说明 2014～2018 年并购完成的交易中有一半以上的样本公司短期并购绩效为负。CAR 的最大值为 0.23，CAR 的最小值为－0.16，说明参与并购的样本公司短期绩效存在较大差异。长期并购绩效 BHAR 的平均值为 0.10，中位数为－0.10，中位数小于平均值，说明 2014～2018 年并购完成的交易中有半数以上的样本公司长期并购绩效也不佳。BHAR 的最大值为 2.79，BHAR 的最小值为－0.75，说明参与并购的样本公司长期并购绩效也存在较大差异。综合长短期并购绩效来看，我国 2014～2018 年首次 IPO 的 A 股上市公司完成的并购事件多数并购绩效不佳，它们并没有如预期的那样为公司带来良好的市场反应。VC 的平均值为 0.51，说明风险投资参与被投资企业并购的比例达到了 51%，意味着公司上市后仍有相当数量的风险投资并未退出被投资企业，他们选择继续持有上市公司股份并参与被投资企业的并购活动，这为本书的研究留下了契机。此外，除 Growth 和 Top1 之外，其他变量的标准差均小于 1，主要变量的描述性统计无异常。

表 6 - 2　　　　变量描述性统计

变量	样本量	平均值	标准差	中位数	最小值	最大值
CAR	699	0.02	0.08	0.00	-0.16	0.23
BHAR	699	0.10	0.69	-0.10	-0.75	2.79
VC	699	0.51	0.50	1.00	0.00	1.00
Pay	699	0.85	0.35	1.00	0.00	1.00
RPT	699	0.23	0.42	0.00	0.00	1.00
MAR	699	0.13	0.33	0.00	0.00	1.00
Dom	699	0.91	0.29	1.00	0.00	1.00
LnSize	699	21.55	0.83	21.46	20.14	23.95
LEV	699	0.37	0.17	0.36	0.07	0.74
State	699	0.06	0.24	0.00	0.00	1.00
ROA	699	0.06	0.04	0.06	0.01	0.16
Growth	699	0.88	2.88	0.07	-2.74	14.48
Turnover	699	0.57	0.31	0.50	0.15	1.78
MB	699	1.93	0.82	1.68	1.04	4.97
Top1	699	36.75	13.83	35.42	10.37	67.91
Indpr	699	0.38	0.05	0.36	0.33	0.50
Pmnghld	699	0.29	0.23	0.31	0.00	0.70

二、相关性分析

表 6 - 3 列示了各变量的相关性分析结果，下三角列示的是 Pearson 相关系数，上三角列示的是 Spearman 相关系数。从 Pearson 相关系数来看，解释变量 VC 与被解释变量 CAR 的相关系数为 0.07，且在 10% 水平下通过显著性检验；解释变量 VC 与被解释变量 BHAR 的相关系数为 0.09，且在 5% 水平下通过显著性检。说明相比无风险投资持股的企业，有风险投资持股的企业短期并购绩效和长期并购绩效均更高，初步验证了假设 6 - 1。此外，各个变量间的相关

表 6 - 3　　　　相关系数

变量	CAR	BHAR	VC	Pay	RPT	MAR	Dom	LnSize	LEV	State	ROA	Growth	Turnover	MB	Top1	Indpr	Pmnghld
CAR	1	0.11***	0.09**	-0.13***	0.03	0.18***	-0.02	0.01	-0.00	-0.00	-0.01	0.04	-0.06*	0.00	0.02	0.04	-0.02
BHAR	0.10**	1	0.08**	0.07*	-0.03	-0.05	-0.00	-0.08**	-0.03	0.08**	0.16***	-0.02	0.08**	0.07*	0.03	0.02	0.00
VC	0.07*	0.09**	1	0.08**	-0.09**	-0.03	-0.03	-0.07*	-0.01	0.06*	0.04	0.03	-0.04	0.05	-0.03	-0.03	0.02
Pay	-0.21***	0.05	0.08**	1	-0.36***	-0.66***	-0.11***	0.01	-0.01	-0.04	0.11***	-0.03	0.11***	-0.04	0.01	0.05	0.03
RPT	0.07*	-0.03	-0.09**	-0.36***	1	0.37***	0.10**	0.01	0.02	0.10**	-0.10***	0.01	-0.03	0.01	0.04	0.02	-0.07*
MAR	0.27***	-0.03	-0.03	-0.66***	0.37***	1	0.04	-0.07*	0.02	-0.05	-0.10***	0.06	-0.11***	0.08**	-0.02	-0.01	-0.01
Dom	-0.01	-0.00	-0.03	-0.11***	0.10**	0.04	1	-0.06	-0.03	0.06*	-0.05	0.06	0.03	-0.02	0.01	0.04	0.02
LnSize	-0.00	-0.03	-0.07*	0.01	0.04	-0.07*	-0.06*	1	0.51***	0.12***	-0.19***	-0.05	0.04	-0.51***	0.10***	-0.01	-0.19***
LEV	-0.01	-0.02	-0.01	-0.01	0.01	0.03	-0.03	0.54***	1	0.04	-0.43***	0.00	0.17***	-0.36***	0.10**	0.00	-0.11***
State	-0.00	0.06	0.06*	-0.04	0.10**	-0.05	0.06*	0.19***	0.05	1	0.00	0.06*	-0.06	-0.08**	0.11***	-0.06	-0.30***
ROA	0.00	0.16***	0.04	0.10***	-0.08**	-0.09**	-0.05	-0.16***	-0.42***	0.01	1	0.09**	0.24***	0.35***	0.08**	0.03	0.10***
Growth	0.10***	0.00	0.02	-0.09**	0.04	0.11***	0.07*	-0.04	0.01	0.09**	-0.00	1	-0.13***	0.13***	-0.04	-0.03	0.00
Turnover	-0.07*	0.04	-0.06*	0.07*	-0.02	-0.09**	0.02	0.07*	0.18***	-0.06*	0.18***	-0.13***	1	-0.06	0.11***	-0.01	0.04
MB	0.10**	0.07*	0.06*	-0.06	0.05	0.07*	-0.02	-0.42***	-0.33***	-0.05	0.33***	0.06*	-0.07*	1	-0.08**	-0.03	0.07*
Top1	0.02	0.07*	-0.04	0.02	0.04	-0.04	0.00	0.19***	0.12***	0.15***	0.07*	-0.01	0.11***	-0.12***	1	0.10***	-0.17***
Indpr	0.05	0.00	-0.03	0.04	0.01	-0.02	0.05	-0.00	-0.01	-0.07*	0.03	-0.06	0.03	-0.04	0.11***	1	0.02
Pmnghld	-0.02	0.00	0.03	0.02	-0.07*	0.01	0.02	-0.22***	-0.11***	-0.28***	0.10**	0.01	0.01	0.02	-0.18***	0.02	1

注：***、**、*分别表示1%、5%、10%的显著性水平；下三角报告 Pearson 相关系数，上三角报告 Spearman 相关系数。

系数最大值为0.66，方差膨胀因子（VIF）最大值为2.49，远小于10，说明模型不存在严重的多重共线性问题，模型设置较为合理。

三、回归结果分析

表6-4列示了假设6-1的实证回归结果，第（1）列用于验证风险投资对被投资企业短期并购绩效的影响。其中，VC的系数为0.016，且在5%的水平下通过显著性检验，说明相比无风险投资持股的企业，有风险投资持股的企业短期并购绩效更高。第（2）列用于验证风险投资对被投资企业长期并购绩效的影响。其中，VC的系数为0.097，且在10%的水平下通过显著性检验，说明相比无风险投资持股的企业，有风险投资持股的企业长期并购绩效也更高。假设6-1得到验证。

从控制变量来看，针对短期并购绩效，在交易层面，MAR显著为正，且在1%水平下通过显著性检验，说明当并购交易为重大资产重组时，公司的短期并购绩效更高，这可能是由于相比非重大资产重组事件，上市公司对公司的重大资产重组事件信息披露更加及时充分，外部投资者面临的信息不对称程度更低，因此在短期事件窗口期公司股票价值上升的更多。在公司层面，LnSize显著为正，且在10%水平下通过显著性检验，说明当公司的规模越大时，公司的短期并购绩效越高。Indpr显著为正，且在5%水平下通过显著性检验，说明当公司的内部独立董事占董事会成员的比例越高，企业的短期并购绩效也越高。这可能是由于公司独立董事占比越高，其对管理层的监督越有力，这能够降低管理层因过度自信或者构建商业帝国梦而盲目进行一些低效率并购的概率，从而提高公司的短期并购绩效。针对长期并购绩效，在公司层面，ROA显著为正，且在5%水平下通过显著性检验，说明公司的总资产利润率越高，企业的长期并购绩效越高。MB显著为正，且在1%水平下通过显著性检验，说明公司的市账比越高，即相对于账面价值，公司的市场价值越高时，企业的长期并购绩效越高。Top1显著为正，且在10%水平下通过显著性检验，说明公司的第一大股东持股比越高，公司的长期并购绩效越高。

表 6-4　　风险投资与并购绩效回归结果

变量	(1)	(2)
	CAR	BHAR
VC	0.016** (2.33)	0.097* (1.93)
Pay	-0.018 (-0.99)	0.039 (0.35)
RPT	-0.006 (-0.55)	-0.071 (-1.07)
MAR	0.060*** (2.78)	0.051 (0.45)
Dom	-0.010 (-0.95)	0.057 (0.64)
LnSize	0.010* (1.83)	0.001 (0.03)
LEV	-0.037 (-1.28)	0.187 (0.85)
State	-0.003 (-0.20)	0.093 (0.69)
ROA	-0.012 (-0.10)	1.935** (1.98)
Growth	0.002 (1.32)	0.003 (0.29)
Turnover	0.000 (0.03)	0.062 (0.57)
MB	0.007 (1.08)	0.123*** (2.75)
Top1	0.000 (0.55)	0.004* (1.82)
Indpr	0.153** (2.12)	-0.104 (-0.21)
Pmnghld	-0.010 (-0.61)	0.031 (0.24)

续表

变量	(1)	(2)
	CAR	BHAR
截距	-0.246* (-1.86)	-0.584 (-0.55)
Year	已控制	已控制
Ind	已控制	已控制
样本量	699	699
ADJ R^2	0.10	0.10

注：***、**、*分别表示1%、5%、10%的显著性水平；括号中输出的值为t值。

第五节　稳健性检验

一、Heckman两阶段回归

风险投资与并购绩效之间的关系可能存在内生性问题。那些被风险投资选择的企业可能其本身并购绩效更高，并不是由于风险投资持股所引起的，这使得样本存在选择性偏误，我们采用Heckman两阶段回归处理内生性问题可能对实证结果带来的不利影响。借鉴相关文献，在第一阶段，我们选择支付方式(Pay)、关联交易（RPT）、重大资产重组（MAR）、境内并购（Dom）、公司规模（LnSize）、产权性质（State）、资产负债率（LEV）、总资产收益率(ROA)、净利润增长率（Growth）、营运能力（Turnover）、市账比（MB）、股权集中度（Top1）、独立董事占比（Indpr）、管理层持股比例（Pmnghld）、是否属于高新技术行业（HT）以及公司注册地是否属于风险投资发达地区（VC_develop）作为参与方程进行回归。其中，VC_develop为虚拟变量，由于我国风险投资多分布在北京、上海、广东、江苏和浙江五个地方，因此若上市公司注册地在以上五个地方，则取值1，否则为0。将回归得到的逆米尔斯比率（Lambda）加入模型6-1重新进行回归，回归结果见表6-5。

在表6-5中，第（1）列列示了Heckman第一阶段的回归结果，第（2）和（3）列列示了对应的第二阶段的回归结果。在第（2）列中，VC的系数为

0.016，且在5%水平下通过显著性检验，说明相比无风险投资持股的企业，有风险投资持股的企业短期并购绩效更高。在第（3）列中，VC的系数为0.096，且在10%水平下通过显著性检验，说明相比无风险投资持股的企业，有风险投资持股的企业长期并购绩效更高。以上回归结果再次验证了假设6－1成立。

表6－5　Heckman两阶段回归结果

变量	(1)	(2)	(3)
	VC	CAR	BHAR
VC		0.016** (2.34)	0.096* (1.86)
Pay	0.266 (1.38)	−0.000 (−0.01)	−0.012 (−0.17)
RPT	−0.271** (−2.07)	−0.024 (−0.98)	−0.133** (−2.19)
MAR	0.196 (0.93)	0.072*** (2.71)	0.075 (1.29)
Dom	−0.134 (−0.76)	−0.017 (−1.15)	−0.066* (−1.68)
LnSize	−0.181** (−2.19)	−0.001 (−0.05)	−0.016 (−0.41)
LEV	0.771* (1.88)	0.012 (0.18)	0.227 (1.31)
State	0.492** (2.01)	0.029 (0.72)	0.160* (1.72)
ROA	1.542 (0.85)	0.084 (0.47)	0.859* (1.87)
Growth	−0.000 (−0.01)	0.002 (1.19)	0.012* (1.82)
Turnover	−0.270 (−1.27)	−0.019 (−0.70)	−0.074 (−1.12)
MB	0.042 (0.51)	0.010 (1.29)	0.078*** (3.97)
Top1	0.002 (0.44)	0.000 (0.88)	0.001* (1.71)
Indpr	−1.127 (−1.09)	0.082 (0.74)	−0.356 (−1.22)

续表

变量	(1)	(2)	(3)
	VC	CAR	BHAR
Pmnghld	0.143 (0.61)	0.001 (0.04)	0.025 (0.54)
HT	0.076 (0.52)		
VC_develop	-0.013 (-0.12)		
Lambda		0.106 (0.78)	0.570* (1.84)
截距	5.207*** (2.61)	-0.049 (-0.16)	0.325 (0.31)
年度	已控制	已控制	已控制
行业	已控制	已控制	已控制
样本量	692	692	692
Pseudo R^2/ADJ R^2	0.07	0.10	0.06

注：***、**、*分别表示1%、5%、10%的显著性水平；括号中输出的值为t值或z值。

二、PSM分析

除了Heckman两阶段回归外，我们还采用PSM分析缓解内生性问题。我们首先用风险投资（VC）作为被解释变量，加入模型6-1中的控制变量，利用Logistic回归估计出样本获得风险投资的倾向得分，然后利用倾向得分对样本进行半径匹配。匹配后的样本平衡性检验见表6-6。在表6-6中，我们发现在进行PSM半径匹配之前，有风险投资持股的企业（处理组）与无风险投资持股的企业（控制组）之间在关联交易（RPT）、境内并购（Dom）、资产规模（LnSize）、产权性质（State）、总资产周转率（Turnover）以及市账比（MB）方面均存在显著差异，而经过PSM半径匹配之后，这些指标在两组样本之间的标准偏差均有较大幅度减小，且P值均大于0.1，说明匹配后两组样本的特征变量不再有显著差异，样本匹配较好。然后，我们对匹配后的样本重新进行回归分析，重新回归后的结果见表6-7。在表6-7第（1）列中，VC的系数为0.016，且在5%水平下通过显著性检验，说明相比无风险投资持股的企业，有风险投资持股的企业短期并购绩效更高。在表6－7第（2）列中，VC的系数为0.094，且在10%水平下通过显著性检验，说明相比无风险投资持股的企业，有风险投资持股的企业长期并购绩效更高。以上回归结果再次验证了假设6－1成立。

表6－6　PSM匹配平衡性检验结果

变量		均值		标准偏差（%）	标准偏差减少幅度（%）	t－test	
		处理组	控制组			t	p>t
Pay	匹配前	0.89694	0.91471	－6.1		－0.8	0.423
	匹配后	0.89636	0.89247	1.3	78.1	0.17	0.866
RPT	匹配前	0.1922	0.27059	－18.6		－2.47	0.014
	匹配后	0.19328	0.1946	－0.3	98.3	－0.04	0.965
MAR	匹配前	0.11699	0.13824	－6.4		－0.84	0.4
	匹配后	0.11765	0.12813	－3.1	50.7	－0.43	0.67
Dom	匹配前	0.88022	0.82647	15.2		2.01	0.044
	匹配后	0.87955	0.87871	0.2	98.4	0.03	0.972
LnSize	匹配前	21.495	21.616	－14.7		－1.94	0.052
	匹配后	21.494	21.502	－1	93.4	－0.13	0.896
LEV	匹配前	0.36679	0.369	－1.3		－0.17	0.864
	匹配后	0.36566	0.36535	0.2	86.1	0.02	0.981
State	匹配前	0.07799	0.04706	12.8		1.68	0.093
	匹配后	0.07283	0.06597	2.8	77.8	0.36	0.719
ROA	匹配前	0.06366	0.06094	7.7		1.02	0.308
	匹配后	0.06369	0.06255	3.2	58	0.43	0.666
Growth	匹配前	0.93484	0.81837	4.1		0.54	0.587
	匹配后	0.90051	0.9667	－2.3	43.2	－0.3	0.763
Turnover	匹配前	0.55583	0.5958	－12.7		－1.68	0.093
	匹配后	0.55506	0.55717	－0.7	94.7	－0.1	0.923
MB	匹配前	1.9843	1.8815	12.6		1.66	0.098
	匹配后	1.9785	1.9573	2.6	79.4	0.34	0.734
Top1	匹配前	36.244	37.284	－7.5		－0.99	0.32
	匹配后	36.309	36.25	0.4	94.3	0.06	0.955

续表

变量		均值		标准偏差（%）	标准偏差减少幅度（%）	t - test	
		处理组	控制组			t	p > t
Indpr	匹配前	0.37681	0.37981	-6.1		-0.81	0.42
	匹配后	0.37694	0.37803	-2.2	63.7	-0.3	0.765
Pmnghld	匹配前	0.30064	0.28624	6.3		0.84	0.402
	匹配后	0.30187	0.30043	0.6	90	0.08	0.933

表 6-7　　　　PSM 回归结果

变量	(1)	(2)
	CAR	BHAR
VC	0.016** (2.29)	0.094* (1.87)
Pay	-0.018 (-0.99)	0.040 (0.36)
RPT	-0.005 (-0.51)	-0.071 (-1.07)
MAR	0.059*** (2.74)	0.049 (0.43)
Dom	-0.010 (-0.96)	0.057 (0.65)
LnSize	0.010* (1.74)	0.005 (0.12)
LEV	-0.038 (-1.29)	0.174 (0.79)
State	-0.004 (-0.25)	0.099 (0.68)
ROA	-0.006 (-0.05)	1.922* (1.93)
Growth	0.002 (1.24)	0.003 (0.38)
Turnover	0.000 (0.00)	0.063 (0.57)

续表

变量	(1)	(2)
	CAR	BHAR
MB	0.006 (0.97)	0.129*** (2.81)
Top1	0.000 (0.59)	0.004* (1.83)
Indpr	0.153** (2.12)	-0.116 (-0.23)
Pmnghld	-0.010 (-0.62)	0.035 (0.28)
截距	-0.237* (-1.77)	-0.664 (-0.62)
Year	已控制	已控制
Ind	已控制	已控制
样本量	697	697
ADJ R^2	0.10	0.10

注：***、**、*分别表示1%、5%、10%的显著性水平；括号中输出的值为t值。

三、重新度量被解释变量

上文被解释变量短期并购绩效使用了以事件窗口期［-2，2］计算的CAR值来衡量，长期并购绩效使用了以事件窗口期［0，24］计算的BHAR值来衡量。借鉴陈仕华等（2013）以及杨超等（2018）的研究，在稳健性检验时，我们分别以事件窗口期［-1，1］和［-3，3］计算的CAR值以及以事件窗口期［0，12］计算的BHAR值重新衡量短期并购绩效和长期并购绩效。重新回归后的结果见表6-8。

在表6-8中，在第（1）列和第（2）列中，VC的系数均为正数，且至少在5%的水平下通过显著性检验，说明相比无风险投资持股的企业，有风险投资持股的企业短期并购绩效更高。在第（3）列中，VC的系数为0.031，且在10%水平下通过显著性检验，说明相比无风险投资持股的企业，有风险投资持股的企业长期并购绩效更高。以上回归结果再次验证了假设6-1成立。

表 6 - 8　　重新度量被解释变量回归结果

变量	(1)	(2)	(3)
	CAR [-1, 1]	CAR [-3, 3]	BHAR [0, 12]
VC	0.016*** (2.84)	0.016** (1.99)	0.031* (1.81)
Pay	-0.019 (-1.24)	-0.013 (-0.66)	-0.106 (-1.61)
RPT	-0.005 (-0.68)	-0.004 (-0.36)	-0.035 (-1.19)
MAR	0.050*** (2.89)	0.051** (2.15)	0.012 (0.21)
Dom	-0.015 (-1.62)	-0.001 (-0.13)	-0.027 (-0.97)
LnSize	0.005 (1.04)	0.012* (1.84)	0.044** (2.40)
LEV	-0.010 (-0.46)	-0.045 (-1.32)	-0.040 (-0.41)
State	-0.009 (-0.73)	-0.009 (-0.51)	-0.002 (-0.05)
ROA	-0.036 (-0.37)	-0.019 (-0.14)	0.352 (0.93)
Growth	0.002 (1.59)	0.002 (1.12)	0.011* (1.75)
Turnover	0.003 (0.28)	-0.007 (-0.46)	0.031 (0.84)
MB	0.004 (0.90)	0.009 (1.28)	0.058*** (3.48)
Top1	0.000 (1.43)	0.000 (0.50)	0.001 (0.92)
Indpr	0.108* (1.81)	0.169** (2.04)	0.034 (0.18)
Pmnghld	0.000 (0.03)	-0.006 (-0.32)	-0.029 (-0.72)

续表

变量	(1)	(2)	(3)
	CAR [-1, 1]	CAR [-3, 3]	BHAR [0, 12]
截距	-0.115 (-1.12)	-0.306** (-2.02)	-0.863 (-1.34)
Year	已控制	已控制	已控制
Ind	已控制	已控制	已控制
样本量	699	697	699
ADJ R^2	0.10	0.08	0.06

注：***、**、*分别表示1%、5%、10%的显著性水平；括号中输出的值为t值。

第六节　进一步分析

一、作用机理分析

本部分内容我们将进一步探讨风险投资对并购绩效影响的作用机理。在研究假设中，我们认为风险投资认证功能、监督治理功能、吸引资源功能和咨询功能四个功能的发挥一方面能够降低被投资企业与标的方、社会中介机构以及其他外部投资者之间的信息不对称程度，另一方面能够缓解股东与管理者之间以及大股东与中小股东之间的代理冲突。这能够帮助被投资企业降低并购成本并提高并购后的资源整合能力，从而提高并购绩效。因此，对于作用机理的检验，我们将分别从降低信息不对称和缓解代理冲突两个方面展开。具体的检验过程如下。

（一）降低信息不对称

为了验证风险投资持股能够降低信息不对称，我们分别根据是否为关联交易、是否重大资产重组以及是否为境内并购设置了三种信息情景进行分组检验。这三组变量均为虚拟变量，其中，针对是否为关联交易（RPT），我们在回归分析时，关联交易取值为1，否则为0；针对是否为重大资产重组（MAR），我们在回归分析时，重大资产重组取值为1，否则为0；针对是否为境内并购（Dom），我们在回归分析时，境内并购取值为1，否则为0。已有研究表明相比关联交易并购事件，在非关联交易并购事件中，并购交易双方以及并购交易双方和外部投资者之间的信息不对称程度更高（杨超等，2018）。因此，我们认为风险投资在非关联交易并购事件中更能发挥作用，具体表现为其更能提高非关联交易并购事件企业的并购绩效。相比重大资产重组并购事件，在非重大资产重组并购事件中，并购交易双方以及并购交易双方和外部投资者之间的信息不对称程度更高。因此，我们认为风险投资在非重大资产重组并购事件中更能发挥作用，具体表现为其更能提高非重大资产重组并购事件企业的并购绩效。相比境内并购，境外并购受到政治与法律环境、经济环境以及社会与文化环境影响与境内并购环境差别较大，无论是对并购方还是标的方来说，境外并购面临的并购风险均更大，信息不对称程度也更高。因此，我们认为风险投资在境外并购事件中更能发挥作用，具体表现为其更能提高境外并购事件企业的并购绩效。具体实证回归结果见表 6 - 9 至表 6 - 11。

在表 6 - 9 中，第二列和第三列列示了风险投资在关联交易和非关联交易并购中短期并购绩效（CAR）的差异，第四列和第五列列示了风险投资在关联交易和非关联交易并购中长期并购绩效（BHAR）的差异。结果显示，在非关联交易并购的两组中，针对短期并购绩效（CAR）来说，VC 的系数为 0.015 且在 5% 的水平下通过显著性检验。针对长期并购绩效（BHAR）来说，VC 的系数为 0.114 且在 5% 的水平下通过显著性检验。但在关联交易并购的两组中，无论是针对短期并购绩效（CAR）还是长期并购绩效（BHAR），VC 的系数均未通过显著性检验。这表明风险投资在信息不对称程度更高的非关联交易并购中更能发挥增值效应，提高非关联交易并购事件的长短期并购绩效。

在表 6 - 10 中，第二列和第三列列示了风险投资在重大资产重组和非重大资产重组并购中短期并购绩效（CAR）的差异，第四列和第五列列示了风险投资在重大资产重组和非重大资产重组并购中长期并购绩效（BHAR）的差异。结果显示，在非重大资产重组并购的两组中，针对短期并购绩效（CAR）来说，VC 的系数为 0.018 且在 1% 的水平下通过显著性检验。针对长期并购绩效（BHAR）来说，VC 的系数为 0.039 且在 5% 的水平下通过显著性检验。但在重大资产重组并购的两组中，无论是针对短期并购绩效（CAR）还是长期并购绩效（BHAR），VC 的系数均未通过显著性检验。这表明风险投资在信息不对称程度更高的非重大资产重组并购中更能发挥增值效应，提高非重大资产重组并购事件的长短期并购绩效。

在表6-11中，第二列和第三列列示了风险投资在境内并购和境外并购中短期并购绩效（CAR）的差异，第四列和第五列列示了风险投资在境内并购和境外并购中长期并购绩效（BHAR）的差异。结果显示，在境外并购的两组中，针对短期并购绩效（CAR）来说，VC的系数为0.017且在5%的水平下通过显著性检验。针对长期并购绩效（BHAR）来说，VC的系数为0.465且在1%的水平下通过显著性检验。但在境内并购的两组中，无论是针对短期并购绩效（CAR）还是长期并购绩效（BHAR），VC的系数均未通过显著性检验。这表明风险投资在信息不对称程度更高的境外并购中更能发挥增值效应，提高境外并购的长短期并购绩效。

表6-9至表6-11的回归结果表明风险投资在信息不对称程度更高的非关联交易、非重大资产重组以及境外并购中更能发挥作用，这与前面的事前分析一致，即风险投资持股能够降低被投资企业与标的方以及外部投资者之间的信息不对称程度，从而提高被投资企业的并购绩效。

表6-9　降低信息不对称——关联交易

变量	CAR	CAR	BHAR	BHAR
	关联交易	非关联交易	关联交易	非关联交易
VC	0.029 (1.18)	0.015** (2.22)	0.101 (0.85)	0.114** (2.00)
Pay	-0.024 (-0.65)	-0.017 (-0.88)	0.104 (0.48)	0.035 (0.25)
MAR	0.053 (1.48)	0.061** (2.24)	0.155 (0.71)	-0.053 (-0.40)
Dom	0.002 (0.03)	-0.009 (-0.89)	-0.022 (-0.08)	0.077 (0.84)
LnSize	0.015 (0.77)	0.008 (1.57)	-0.125 (-1.35)	0.035 (0.66)
LEV	-0.032 (-0.31)	-0.033 (-1.19)	1.006 (1.65)	0.046 (0.21)
State	0.011 (0.30)	0.006 (0.45)	0.110 (0.54)	0.019 (0.10)
ROA	-0.377 (-0.98)	0.065 (0.55)	2.044 (0.78)	2.314** (2.15)

续表

变量	CAR	CAR	BHAR	BHAR
	关联交易	非关联交易	关联交易	非关联交易
Growth	0.004 (0.92)	0.001 (0.45)	0.003 (0.22)	-0.001 (-0.07)
Turnover	0.046 (0.93)	-0.002 (-0.20)	-0.124 (-0.52)	0.077 (0.69)
MB	0.018 (1.04)	0.001 (0.19)	0.099 (1.41)	0.137** (2.47)
Top1	-0.001 (-0.61)	0.000 (0.78)	-0.000 (-0.00)	0.005* (1.90)
Indpr	0.518** (2.42)	0.066 (0.91)	1.370 (1.17)	-0.558 (-0.98)
Pmnghld	-0.042 (-0.73)	-0.004 (-0.25)	-0.057 (-0.19)	0.023 (0.16)
截距	-0.560 (-1.29)	-0.164 (-1.29)	1.546 (0.70)	-1.151 (-0.92)
Year	已控制	已控制	已控制	已控制
Ind	已控制	已控制	已控制	已控制
样本量	161	538	161	538
ADJ R^2	0.04	0.09	0.03	0.10

注：***、**、*分别表示1%、5%、10%的显著性水平；括号中输出的值为t值。

表6-10　降低信息不对称——重大资产重组

变量	CAR	CAR	BHAR	BHAR
	重大资产重组	非重大资产重组	重大资产重组	非重大资产重组
VC	0.060 (1.27)	0.018*** (2.79)	0.072 (0.89)	0.039** (2.10)
Pay	0.024 (0.47)	-0.031 (-1.52)	0.135 (1.12)	-0.136 (-1.52)
RPT	-0.008 (-0.20)	-0.003 (-0.28)	0.007 (0.05)	-0.024 (-1.12)
Dom	0.026 (0.31)	-0.007 (-0.67)	0.252* (1.85)	-0.029 (-0.99)
LnSize	0.049 (1.62)	0.007 (1.27)	0.142 (1.30)	0.032** (2.43)

续表

变量	CAR	CAR	BHAR	BHAR
	重大资产重组	非重大资产重组	重大资产重组	非重大资产重组
LEV	-0.206 (-1.28)	-0.002 (-0.09)	-0.246 (-0.50)	0.040 (0.55)
State	0.165** (2.62)	-0.024* (-1.77)	0.125 (0.59)	-0.019 (-0.53)
ROA	-1.640 (-1.49)	0.084 (0.75)	-1.333 (-0.47)	0.425 (1.40)
Growth	-0.004 (-0.62)	0.003** (2.19)	0.025 (1.00)	0.001 (0.27)
Turnover	0.132 (0.87)	-0.004 (-0.33)	-0.039 (-0.16)	0.045 (1.29)
MB	0.049* (1.80)	-0.002 (-0.29)	0.107 (1.14)	0.046*** (3.17)
Top1	-0.001 (-0.78)	0.000 (1.02)	-0.001 (-0.41)	0.001 (1.12)
Indpr	1.155*** (2.82)	0.079 (1.18)	1.193 (1.33)	-0.077 (-0.43)
Pmnghld	-0.104 (-1.02)	-0.009 (-0.60)	0.001 (0.01)	-0.039 (-0.98)
截距	-1.459** (-2.01)	-0.145 (-1.14)	-3.885 (-1.59)	-0.455 (-0.74)
Year	已控制	已控制	已控制	已控制
Ind	已控制	已控制	已控制	已控制
样本量	89	610	89	610
ADJ R^2	0.06	0.04	0.11	0.06

注：***、**、*分别表示1%、5%、10%的显著性水平；括号中输出的值为t值。

表6-11　降低信息不对称——境内并购

变量	CAR	CAR	BHAR	BHAR
	境内并购	境外并购	境内并购	境外并购
VC	-0.006 (-0.27)	0.017** (2.23)	0.057 (1.07)	0.465*** (2.93)
Pay	-0.200*** (-2.94)	-0.019 (-0.96)	0.085 (0.77)	0.393 (0.84)

续表

变量	CAR	CAR	BHAR	BHAR
	境内并购	境外并购	境内并购	境外并购
RPT	0.014 (0.28)	-0.006 (-0.59)	-0.061 (-0.91)	0.015 (0.05)
MAR	0.021 (0.33)	0.059** (2.41)	0.066 (0.54)	-0.268 (-1.42)
LnSize	-0.032 (-1.54)	0.013** (2.17)	-0.032 (-0.69)	0.179 (1.01)
LEV	-0.005 (-0.05)	-0.042 (-1.33)	0.358 (1.59)	-0.107 (-0.17)
State	-0.109** (-2.47)	-0.001 (-0.07)	0.078 (0.61)	2.463*** (7.58)
ROA	0.565 (1.49)	-0.070 (-0.54)	2.322** (2.19)	-1.580 (-0.70)
Growth	0.001 (0.11)	0.002 (1.43)	0.000 (0.03)	0.042 (0.87)
Turnover	-0.059 (-1.07)	0.009 (0.68)	0.020 (0.18)	-0.098 (-0.33)
MB	-0.008 (-0.77)	0.010 (1.39)	0.110** (2.38)	0.300* (1.99)
Top1	-0.003* (-1.86)	0.000 (0.91)	0.003 (1.44)	0.014* (1.76)
Indpr	0.229 (0.53)	0.160** (2.13)	-0.002 (-0.00)	-2.715 (-1.31)
Pmnghld	-0.035 (-0.80)	-0.006 (-0.32)	0.003 (0.02)	0.334 (0.94)
截距	0.973** (2.04)	-0.325** (-2.29)	0.148 (0.14)	-5.074 (-1.17)
Year	已控制	已控制	已控制	已控制
Ind	已控制	已控制	已控制	已控制
样本量	633	66	633	66
ADJ R^2	0.09	0.13	0.09	0.51

注：***、**、*分别表示1%、5%、10%的显著性水平；括号中输出的值为t值。

（二）缓解代理冲突

借鉴马宁（2019）的研究，我们选择管理费用率作为第一类代理冲突——所有者与管理者之间代理成本的衡量指标进行分组检验。具体地，我们使用企业管理费用占营业收入的比重计算企业的管理费用率。在分组时，若公司当年管理费用率高于样本年度中位数，则作为代理冲突高组样本，反之则作为代理冲突低组样本。具体实证回归结果见表 6－12。借鉴杨威等（2019）的研究，我们选择第一大股东持股比作为第二类代理冲突——大股东与中小股东之间代理成本的衡量指标进行分组检验。具体地，在分组时，若公司当年第一大股东持股比例高于样本年度中位数，则作为代理冲突高组样本，反之则作为代理冲突低组样本。具体实证回归结果见表 6－13。

在表 6－12 中，第二列和第三列列示了风险投资持股对第一类代理冲突较高的企业和代理冲突较低的企业短期并购绩效（CAR）的差异，第四列和第五列列示了风险投资持股对第一类代理冲突较高的企业和代理冲突较低的企业长期并购绩效（BHAR）的差异。结果显示，在第一类代理冲突较高的两组中，针对短期并购绩效（CAR）来说，VC 的系数为 0.016 且在 10% 的水平下通过显著性检验。针对长期并购绩效（BHAR）来说，VC 的系数为 0.249 且在 1% 的水平下通过显著性检验。但在第一类代理冲突较低的两组中，VC 的系数均未通过显著性检验。在表 6－13 中，第二列和第三列列示了风险投资持股对第二类代理冲突较高的企业和代理冲突较低的企业短期并购绩效（CAR）的差异，第四列和第五列列示了风险投资持股对第二类代理冲突较高的企业和代理冲突较低的企业长期并购绩效（BHAR）的差异。结果显示，在第二类代理冲突较高的两组中，针对短期并购绩效（CAR）来说，VC 的系数为 0.018 且在 10% 的水平下通过显著性检验。针对长期并购绩效（BHAR）来说，VC 的系数为 0.170 且在 5% 的水平下通过显著性检验。但在第二类代理冲突较低的两组中，VC 的系数均未通过显著性检验。表 6－12 和表 6－13 表明，风险投资在两类代理冲突较高的企业中，更能发挥监督治理作用，从而提高被投资企业的长短期并购绩效。

表 6－12　缓解第一类代理冲突回归结果

变量	CAR	CAR	BHAR	BHAR
	代理冲突高组	代理冲突低组	代理冲突高组	代理冲突低组
VC	0.016* (1.70)	0.015 (1.42)	0.249*** (3.21)	－0.030 (－0.45)
Pay	－0.006 (－0.27)	－0.032 (－1.07)	－0.015 (－0.09)	0.014 (0.13)
RPT	－0.024* (－1.78)	0.010 (0.61)	－0.055 (－0.52)	－0.078 (－1.11)
MAR	0.064** (2.56)	0.052 (1.38)	－0.031 (－0.18)	0.098 (0.82)
Dom	－0.020 (－1.28)	0.000 (0.02)	0.047 (0.35)	0.108 (1.00)
LnSize	0.004 (0.44)	0.014 (1.46)	0.018 (0.23)	－0.023 (－0.45)
LEV	－0.044 (－1.07)	－0.028 (－0.62)	0.347 (0.90)	0.250 (0.93)
State	－0.009 (－0.47)	0.005 (0.19)	0.049 (0.31)	0.130 (0.57)
ROA	－0.179 (－1.10)	0.243 (1.31)	1.889 (1.26)	1.804 (1.29)
Growth	0.002 (1.02)	0.002 (0.81)	－0.002 (－0.14)	0.005 (0.37)
Turnover	－0.028 (－0.81)	－0.013 (－0.87)	0.266 (0.75)	0.136 (1.02)
MB	0.004 (0.44)	0.019 (1.39)	0.131** (2.31)	0.035 (0.52)
Top1	0.000 (0.77)	0.000 (0.25)	0.007** (2.36)	0.000 (0.01)
Indpr	0.006 (0.05)	0.284*** (2.83)	－0.178 (－0.22)	0.198 (0.33)
Pmnghld	－0.007 (－0.31)	－0.014 (－0.64)	0.218 (1.00)	－0.129 (－0.91)

续表

变量	CAR	CAR	BHAR	BHAR
	代理冲突高组	代理冲突低组	代理冲突高组	代理冲突低组
截距	-0.080 (-0.41)	-0.375* (-1.74)	-1.797 (-0.98)	0.924 (0.75)
Year	已控制	已控制	已控制	已控制
Ind	已控制	已控制	已控制	已控制
样本量	348	351	348	351
ADJ R^2	0.10	0.10	0.13	0.08

注：***、**、*分别表示1%、5%、10%的显著性水平；括号中输出的值为t值。

表6-13　缓解第二类代理冲突回归结果

变量	CAR	CAR	BHAR	BHAR
	代理冲突高组	代理冲突低组	代理冲突高组	代理冲突低组
VC	0.018* (1.83)	0.013 (1.30)	0.170** (2.06)	0.072 (1.15)
Pay	-0.028 (-0.95)	-0.011 (-0.48)	-0.042 (-0.23)	0.118 (0.98)
RPT	-0.008 (-0.53)	-0.003 (-0.21)	-0.161* (-1.77)	-0.005 (-0.06)
MAR	0.050 (1.40)	0.062** (2.20)	0.099 (0.57)	0.010 (0.07)
Dom	0.001 (0.12)	-0.023 (-1.38)	-0.083 (-0.55)	0.191* (1.92)
LnSize	0.006 (0.71)	0.010 (1.18)	0.103 (1.41)	-0.096 (-1.62)
LEV	0.021 (0.43)	-0.072* (-1.93)	0.069 (0.18)	0.343 (1.22)
State	0.021 (1.00)	-0.028 (-1.36)	0.226 (0.94)	-0.127 (-1.10)
ROA	-0.003 (-0.02)	0.090 (0.62)	0.935 (0.59)	2.871** (2.39)
Growth	0.001 (0.53)	0.003 (1.46)	0.004 (0.30)	0.007 (0.68)

续表

变量	CAR	CAR	BHAR	BHAR
	代理冲突高组	代理冲突低组	代理冲突高组	代理冲突低组
Turnover	-0.009 (-0.53)	0.008 (0.42)	0.164 (1.00)	-0.013 (-0.09)
MB	0.007 (0.68)	0.004 (0.53)	0.216*** (2.66)	0.046 (1.09)
Indpr	0.179* (1.73)	0.121 (1.14)	-0.559 (-0.72)	-0.088 (-0.14)
Pmnghld	-0.018 (-0.82)	-0.016 (-0.59)	0.242 (1.44)	-0.281 (-1.46)
截距	-0.188 (-1.06)	-0.208 (-1.07)	-1.731 (-1.05)	0.984 (0.72)
Year	已控制	已控制	已控制	已控制
Ind	已控制	已控制	已控制	已控制
样本量	348	351	348	351
ADJ R^2	0.04	0.12	0.10	0.13

注：***、**、*分别表示1%、5%、10%的显著性水平；括号中输出的值为t值。

二、风险投资、多元化并购与并购绩效

在风险投资持股与多元化并购部分，我们研究发现相比无风险投资持股的企业，有风险投资持股的企业更倾向于进行非多元化并购。在本章中，我们将进一步验证相比无风险投资持股的企业，有风险投资持股的企业进行非多元化并购后，其后期并购绩效是否更高。在表6-14中，第（1）列和第（2）列列示了相比无风险投资持股的企业，有风险投资持股的企业在进行非多元化并购后，其短期并购绩效（CAR）和长期并购绩效（BHAR）的差异。结果显示，针对短期并购绩效（CAR）来说，VC的系数为0.019且在1%的水平下通过显著性检验。针对长期并购绩效（BHAR）来说，VC的系数为0.110且在5%的水平下通过显著性检验。这表明相比无风险投资持股的企业，有风险投资持股的企业在进行非多元化并购后，其后期并购绩效显著更高。

表 6-14 风险投资、多元化并购与并购绩效回归结果

变量	(1)	(2)
	CAR	BHAR
VC	0.019*** (2.60)	0.110** (2.11)
Pay	-0.014 (-0.81)	0.043 (0.36)
RPT	-0.004 (-0.40)	-0.055 (-0.80)
MAR	0.048** (2.33)	-0.034 (-0.28)
Dom	-0.013 (-1.19)	0.065 (0.71)
LnSize	0.011* (1.86)	-0.006 (-0.14)
LEV	-0.036 (-1.23)	0.278 (1.30)
State	-0.005 (-0.31)	0.021 (0.17)
ROA	0.088 (0.68)	2.313** (2.18)
Growth	0.002 (1.38)	0.003 (0.35)
Turnover	0.003 (0.22)	0.044 (0.41)
MB	0.006 (0.91)	0.152*** (3.18)
Top1	0.000 (0.43)	0.003 (1.53)
Indpr	0.191** (2.53)	-0.090 (-0.17)
Pmnghld	-0.004 (-0.24)	0.038 (0.28)

续表

变量	(1)	(2)
	CAR	BHAR
截距	-0.276** (-2.03)	-0.504 (-0.46)
Year	已控制	已控制
Ind	已控制	已控制
样本量	633	633
ADJ R^2	0.09	0.10

注：***、**、*分别表示1%、5%、10%的显著性水平；括号中输出的值为t值。

三、风险投资、并购支付方式与并购绩效

在风险投资持股与并购支付方式部分，我们研究发现相比无风险投资持股的企业，有风险投资持股的企业更倾向于采用现金支付方式。在本章中，我们将进一步验证相比无风险投资持股的企业，有风险投资持股的企业采用现金支付方式后，其后期并购绩效是否更高。在表6-15中，第（1）列和第（2）列列示了相比无风险投资持股的企业，有风险投资持股的企业在采用现金支付后，其后期短期并购绩效（CAR）和长期并购绩效（BHAR）的差异。结果显示，针对短期并购绩效（CAR）来说，VC的系数为0.013且在5%的水平下通过显著性检验。针对长期并购绩效（BHAR）来说，VC的系数为0.117且在5%的水平下通过显著性检验。这表明相比无风险投资持股的企业，有风险投资持股的企业采用现金支付方式后，其后期并购绩效显著更高。

表6-15　　风险投资、并购支付方式与并购绩效回归结果

变量	(1)	(2)
	CAR	BHAR
VC	0.013** (2.11)	0.117** (2.17)
RPT	-0.007 (-0.72)	-0.071 (-0.93)

续表

变量	(1)	(2)
	CAR	BHAR
MAR	0.067** (2.19)	0.085 (0.45)
Dom	-0.008 (-0.79)	0.116 (1.51)
LnSize	0.004 (0.85)	0.006 (0.11)
LEV	-0.008 (-0.33)	0.226 (1.01)
State	-0.001 (-0.08)	-0.063 (-0.45)
ROA	0.039 (0.37)	2.329** (2.28)
Growth	0.001 (1.35)	-0.000 (-0.01)
Turnover	-0.007 (-0.67)	-0.008 (-0.08)
MB	-0.000 (-0.00)	0.134*** (2.70)
Top1	0.000 (0.86)	0.004 (1.62)
Indpr	0.039 (0.63)	-0.577 (-1.08)
Pmnghld	0.004 (0.24)	0.023 (0.16)
截距	-0.036 (-0.33)	-0.315 (-0.26)
Year	已控制	已控制
Ind	已控制	已控制
样本量	597	597
ADJ R^2	0.05	0.10

注：***、**、*分别表示1%、5%、10%的显著性水平；括号中输出的值为t值。

四、本章小结

企业的并购活动是否能够优化资源配置并产生良好的绩效？这一直是学者们研究关注的重点。本章内容以 2014 ~ 2018 年首次 IPO 的 A 股上市公司作为主并方的并购事件为基础样本，实证检验风险投资持股对企业并购绩效的影响。研究发现：（1）相比无风险投资持股的企业，有风险投资持股的企业短期并购绩效和长期并购绩效更高。（2）作用机理研究发现，风险投资对企业并购绩效的影响主要是通过降低信息不对称和缓解代理冲突实现的。其中，信息不对称我们使用是否关联交易、是否重大资产重组以及是否境内并购三组指标进行衡量。代理冲突包括管理层与股东之间的代理冲突以及大股东与中小股东之间的代理冲突。（3）结合风险投资持股与企业多元化并购的研究内容，我们研究发现相比无风险投资持股的企业，有风险投资持股的企业在进行非多元化并购后，其短期并购绩效和长期并购绩效也更高。（4）结合风险投资持股与企业并购支付方式的研究内容，我们研究发现相比无风险投资持股的企业，有风险投资持股的企业在选择现金支付方式后，其短期并购绩效和长期并购绩效也更高。以上结论说明风险投资持股能够优化企业并购决策并提高企业并购绩效。

第七章　研究结论与政策建议

第一节　研究结论

企业并购是一项复杂的系统工程，并购活动过程中任何一个环节决策失误都有可能导致并购失败。作为积极型机构投资者，风险投资近年来参与企业并购活动的交易金额和数量大幅提升，已经发展成为我国企业并购市场的重要参与者。同时，风险投资对被投资企业的增值效应得到了学者们普遍的认可，那么风险投资参与企业并购活动，其对被投资企业并购决策及经济后果能否产生积极影响呢？目前学术界对此研究尚不深入。因此，本书尝试从企业并购决策及经济后果视角探讨风险投资对企业并购的影响并试图回答以下几个问题：风险投资持股影响企业的多元化并购和并购支付方式吗？风险投资参与企业并购活动能够有效抑制并购商誉泡沫以及产生良好的市场反应吗？为此，本书在梳理有关风险投资和企业并购领域相关研究文献的基础之上，基于我国风险投资的发展历程和现状以及我国并购市场发展现状，以资源基础理论、社会网络理论、信息不对称理论和委托代理理论等为理论基础，首先从理论上阐述了风险投资持股对企业多元化并购、并购支付方式、并购商誉以及并购绩效可能产生的影响，然后参照相关研究建立实证模型，选取 2014～2018 年首次 IPO 的 A 股上市公司并购事件为基础样本进行实证检验，研究结论如下：

第一，为检验风险投资持股对被投资企业多元化并购的影响，本书通过实证分析发现，相比无风险投资持股的企业，有风险投资持股的企业在并购时更倾向于进行非多元化并购。采用 Heckman 两阶段回归、PSM 分析以及其他稳健性检验方法进行检验后，上述结论依然成立。进一步研究发现：（1）从风险投资的参与度视角来看，风险投资的参与度越高，被投资企业越倾向于进行非多元化并购。其中参与度我们通过持股比例和持股家数两个指标衡量。(2) 从外部环境视角来看，在市场化水平（宏观层面）以及市场竞争程度（行业层面）较低的地区，相比无风险投资持股的企业，有风险投资持股的企业更倾向于进行非多元化并购。(3) 作用机理分析发现：从多元化并购动因之代理理论角度来看，风险投资能够缓解股东与管理层之间以及大股东与中小股东之间的代理冲突，从而降低企业盲目进行多元化并购的行为。从多元化并购动因之自大假说角度来看，风险投资能够通过抑制管理层过度自信，从而降低企业盲目进行多元化并购的行为。

第二，为检验风险投资持股对被投资企业并购支付方式的影响，本书通过实证分析发现，相比无风险投资持股的企业，有风险投资持股的企业在进行并购时更倾向于选择现金支付方式。采用 Heckman 两阶段回归、PSM 分析以及其他稳健性检验方法进行检验后，上述结论依然成立。进一步研究发现：(1) 从风险投资的参与度视角来看，风险投资的参与度越高，被投资企业越倾向于选择现金支付方式，其中参与度我们通过持股比例和持股家数两个指标衡量。(2) 从外部环境视角来看，在市场化水平（宏观层面）较低的地区以及市场竞争程度（行业层面）较高的地区，相比无风险投资持股的企业，有风险投资持股的企业选择现金支付方式的概率更高。(3) 作用机理分析发现，从信息不对称角度来看，风险投资能够通过降低并购双方的信息不对称程度，从而降低被投资企业出于风险共担目的而选择股票支付的动机，提高其选择现金支付方式的概率。其中，信息不对称程度我们通过是否关联交易和是否重大资产重组两个指标衡量。从融资角度来看，风险投资能够通过缓解被投资企业在并购过程中面临的融资约束问题，从而提高其选择现金支付方式的概率。融资约束在风险投资持股与企业并购现金支付方式之间起到了部分中介作用。

第三，为检验风险投资持股对被投资企业并购商誉的影响，本书通过实证分析发现，相比无风险投资持股的企业，有风险投资持股的企业并购商誉规模更小。采用 Heckman 两阶段回归、PSM 分析以及重新度量被解释变量进行稳健性检验后，上述结论依然成立。进一步研究发现：(1) 从风险投资参与度视角来看，风险投资的参与度越高，被投资企业的并购商誉规模越小，其中参与度我们通过持股比例和持股家数两个指标衡量。(2) 从外部环境视角来看，在市场竞争程度（行业层面）较高的地区，相比无风险投资持股的企业，有风险投资持股的企业并购商誉规模更小。而在市场化水平（宏观层面）不同的地区，有风险投资持股的企业和无风险投资持股的企业并购商誉规模之间并没有显著差异。（3）作用机理分析发现，从信息不对称角度来看，风险投资能够通过降低并购双方的信息不对称程度来提高被投资企业对标的资产估值的准确性，从而降低并购商誉规模。其中，信息不对称我们使用是否关联交易、是否重大资产重组以及是否境内并购三组指标进行衡量。从代理问题角度来看，风险投资能够缓解股东与管理层之间以及大股东与中小股东之间的代理冲突，从而降低并购商誉规模。（4）从后期商誉减值视角来看，相比无风险投资持股的企业，有风险投资持股的企业后期商誉减值的概率和商誉减值的规模也更小。（5）结合风险投资持股与企业多元化并购的研究内容，我们研究发现相比无风险投资持股的企业，有风险投资持股的企业在进行非多元化并购后，其并购商誉规模以及后期商誉减值的可能性和减值的规模也更小。（6）结合风险投资持股与企业并购支付方式的研究内容，我们研究发现相比无风险投资持股的企业，有风险投资持股的企业在选择现金支付方式后，其并购商誉规模以及后期商誉减值的可能性也更小。以上结论说明风险投资持股能够优化企业并购决策并有效抑制并购商誉泡沫。

第四，为检验风险投资对企业并购决策的影响能否产生良好的绩效，本书通过实证分析发现，相比无风险投资持股的企业，有风险投资持股的企业短期并购绩效和长期并购绩效均显著更高。采用 Heckman 两阶段回归、PSM 分析以及重新度量被解释变量进行检验后，上述结论依然成立。进一步研究发现：（1）作用机理研究发现，风险投资对企业并购绩效的影响主要是通过降低信息不对称和缓解代理冲突实现的。其中，信息不对称我们使用是否关联交易、是否重大资产重组以及是否境内并购三组指标进行衡量。代理冲突包括管理层与股东之间的代理冲突以及大股东与中小股东之间的代理冲突。（2）结合风险投资持股与企业多元化并购的研究内容，我们研究发现相比无风险投资持股的企业，有风险投资持股的企业在进行非多元化并购后，其短期并购绩效和长期并购绩效也更高。（3）结合风险投资持股与企业并购支付方式的研究内容，我们研究发现相比无风险投资持股的企业，有风险投资持股的企业在选择现金支付方式后，其短期并购绩效和长期并购绩效也更高。以上结论说明风险投资持股能够优化企业并购决策并提高企业并购绩效。

第二节　政策建议

本书主要研究了风险投资持股对被投资企业的多元化并购、并购支付方式、并购商誉和并购绩效的影响。依据研究结论，本书提出如下几个方面的建议。

一、对创业企业的建议

创业企业应适时加大引入风险投资的可能性和力度。公司的并购交易是一项重要的战略决策，其投资成败有时甚至关乎公司的生死存亡。单靠公司自身的资源和能力几乎不可能对交易标的进行全面深入的评估，因此公司在并购交易中会聘请各类市场中介服务机构帮助自己，如会计师事务所、律师事务所和资产评估事务所等。但是这些中介服务机构通常并不持有公司股份，其与公司之间签订的合同本质上是一项服务协议，因而公司并购交易成败对市场中介服务机构的影响非常有限，这也造成了公司与市场中介服务机构之间可能存在道德风险问题。而风险投资作为公司股东，其直接持有公司股份，由于股权锁定期的限制或者继续持有公司股份仍能获利，很多风险投资在公司上市后的 3 ~5 年内仍选择继续持有公司股份，因此公司并购交易成败对其影响巨大，这也使得风险投资有动机和压力参与到企业的并购交易活动中。本书的研究结论也证实了风险投资在公司并购决策过程中能够优化被投资企业并购决策并产生良好的经济后果，且风险投资的参与度越高，其对被投资企业的并购活动产生的积极影响也越显著，这为公司积极引入风险投资提供了经验证据。因此，公司在进行并购决策时，应加强自身与风险投资之间的良性互动，积极为风险投资参与企业并购交易活动创造有利条件，如有可能，应考虑同时引入多家风险投资或增加风险投资的持股比例，以充分发挥风险投资认证功能、监督治理功能、吸引资源功能和咨询功能在被投资企业并购过程中的积极作用。

二、对风险投资机构的建议

风险投资机构应不断提高自身专业化水平，加强团队专业化建设，不断优化自身的内部控制体系并保持与其他同行之间的良好合作关系。首先，风险投资机构应该努力提高自身专业化水平、加强团队专业化建设并建立完善的内部控制体系。具体地，一方面，在人才招聘时，风险投资机构内部应着力建立小而精的优质团队，招聘更多的复合型人才，提高团队决策效率。另一方面，风险投资机构自身要建立完善的内部控制体系，避免出现投而不管和投后乱管乱象的发生。其次，风险投资机构应加强与同行之间的沟通交流和学习，定期与同行之间开展行业交流会，邀请行业内知名投资机构和明星基金管理人进行政策解读、业务交流和经验分享，这不仅可以使风险投资机构及时了解自身行业发展方向、当前热点投资领域以及未来监管趋势；还可以学习到同行先进的投资模式和运行机制，增进和同行之间的业务往来，保持社会关系网络的稳定有效，最终提高风险投资机构的投资效率。最后，风险投资机构在选择到优质项目时，应该利用社会关系网络积极吸纳其他的风险投资机构尤其是那些比自身资源能力和投资经验更丰富或者互补的风险投资机构共同投资该项目，毕竟投资于同一家企业的风险投资机构家数越多，其对被投资企业并购交易提供的增值服务也越多。

三、对政府及相关监管部门的建议

对政府及相关监管部门而言，本书的研究结论表明风险投资机构能够在企业并购交易中发挥积极作用，尤其是在外部市场环境较差的时候，其能在一定程度上补充正式制度的不足，这为政府及相关监管部门优化并购监管政策提供了经验证据。2014 年以来，随着《意见》的颁布，我国上市公司并购交易活动迎来新一轮爆发式增长，高估值、高业绩承诺的“双高”并购活动更是屡见不鲜。“双高”并购推动上市公司商誉资产规模快速飙升，商誉泡沫堆积，上市公司一旦在短期内对商誉资产集中计提减值，不仅会使公司业绩变脸，引发股价崩盘风险，而且也将对资本市场整体造成巨大冲击，引发系统性金融风险。此诚危机时刻，仅仅依靠政府及相关监管部门的力量是远远不够的，本书的结论表明政府及相关监管部门可以考虑通过鼓励和引导风险投资行业健康发展，与风险投资机构等外部监督机构一起共同维护并购市场的健康发展。具体地，一方面，政府及相关监管部门不仅可以通过设立专项基金及增加税收补贴等手段加大对风险投资行业的扶持力度，还可以通过设立和健全相关法律法规来改善风险投资机构的外部投融资环境，为企业引入风险投资机构创造有利条件，从而加快风险投资行业发展步伐，全面推动我国风险投资行业跻身世界先进行列。另一方面，政府及相关监管部门可以设立专门针对风险投资机构的监管部门，加强对风险投资机构的专业资质和投资成效等的审查力度，完善风险投资机构的声誉评级机制，从而引导风险投资机构不断提高自身专业化水平与职业素养。此外，政府及相关监管部门还可以考虑适当延长风险投资机构的退出期限，促使风险投资机构更加关注企业的长期价值投资，最终在企业并购中更好地发挥增值效应。

第三节 研究局限及未来研究方向

一、研究局限

基于我国 2014 ~ 2018 年首次 IPO 的 A 股上市公司作为主并方的并购事件为基础样本，本书系统地研究了风险投资持股对企业多元化并购、并购支付方式、并购商誉以及并购绩效的影响，但仍存在以下局限之处：

第一，关于企业并购绩效指标的衡量，现有研究主要采用了两种。一种是基于会计指标的衡量方法，另一种是基于事件研究法计算短期并购绩效（CAR）和长期并购绩效（BATH）。其中，会计指标所需数据易于获取、指标计算过程简便，易于被人理解，但是会计指标所依赖的财务数据可能由于受到财务法规和税收制度的限制以及企业财务造假的影响难以客观反映企业的真实财务经营状况。而事件研究法本身就是评价某一事件对公司价值的影响，在并购、股份回购等场景研究中应用广泛。但是，其指标计算过程相对复杂，事件窗口期的选择易于受到学者主观选择的影响，同时公司的股票价格也可能受到市场或者人为操纵的影响，使股价难以客观真实地反映公司股票的真实价值，最为重要的一点是它在使用时要求资本市场是有效的。尽管这两种衡量指标各有利弊。但是近年来，随着我国监管政策的完善，我国资本市场已通过了弱势有效检验（余鹏翼和王满四，2018），越来越多的学者使用事件研究法计算累计超额收益衡量某一事件的市场反应或者股票绩效。因此，权衡这两种方法利弊后，我们最终选择了事件研究法计算企业并购绩效。

第二，在风险投资对企业并购决策及并购经济后果的影响机理检验中，我们主要是基于风险投资的增值效应，从降低信息不对称、缓解代理冲突和融资约束以及抑制管理层过度自信角度展开机理分析的，可能存在其他的用于解释风险投资对被投资企业并购决策及并购经济后果的内在作用机理，这有待我们未来进一步探索。

第三，虽然我们采用了 Heckman 两阶段回归、PSM 分析、重新度量被解释变量以及其他稳健性检验方法等多种方法进行了稳健性检验，试图使本书的研究结论更加可靠，但内生性问题无法避免，未来希望找到更好解决风险投资持股与企业并购之间内生性问题的方法。

二、未来研究方向

第一，本书研究的风险投资并未区分是独立风险投资（IVC）还是公司风险投资（CVC）。IVC 投资的目标主要是为了追求财务上的回报，不同于 IVC，战略目标是 CVC 投资的首要目标，并同时兼顾财务回报。同时，CVC 设立的资金主要来源于企业内部，因此并没有所谓的投资期限，这就决定了 CVC 对公司行为的影响可能与 IVC 不同。那么，具体地，CVC 对公司行为有什么影响呢？其中，公司行为包括但不限于公司并购行为，这是我们未来值得研究的话题。

第二，关于风险投资持股对企业并购决策影响的指标，我们仅选取了多元化并购以及并购支付方式两个代表性的指标，而企业在并购过程中，无时无刻不面临着决策，如是否签订业绩补偿协议、是否与标的方选择同一会计师事务所进行审计以及是否进行海外并购等，这也是我们未来值得研究的话题。

第三，关于风险投资持股对企业并购经济后果的研究，我们考察了风险投资持股对企业并购商誉及并购绩效的影响，但是企业并购经济后果包含多个方面，如业绩补偿承诺完成率以及并购后企业的创新效率等，这也是我们未来值得研究的话题。

参考文献

[1] 蔡宁、何星："社会网络能够促进风险投资的'增值'作用吗？——基于风险投资网络与上市公司投资效率的研究"，《金融研究》，2015 年第 12 期。

[2] 蔡宁："文化差异会影响并购绩效吗——基于方言视角的研究"，《会计研究》，2019 年第 07 期。

[3] 蔡庆丰、陈熠辉："开发区层级与域内企业并购"，《中国工业经济》，2020 年第 06 期。

[4] 曹福刚："董事会技能多元化能提升企业并购绩效吗?"，《经济问题》，2021 年第 02 期。

[5] 曾春影、茅宁、易志高："CEO 的知青经历与企业并购溢价——基于烙印理论的实证研究"，《外国经济与管理》，2019 年第 11 期。

[6] 曾江洪、曾琪姗、黄向荣："市场错误定价、支付方式与并购商誉——基于成长性的调节作用"，《现代财经（天津财经大学学报)》，2020 年第 11 期。

[7] 曾宪聚、陈霖、严江兵等："高管从军经历对并购溢价的影响：烙印——环境匹配的视角"，《外国经济与管理》，2020 年第 09 期。

[8] 曾颖："资产注入：支付手段与市场反应"，《证券市场导报》，2007 年第 10 期。

[9] 陈耿、严彩红："代理冲突、激励约束机制与并购商誉"，《审计与经济研究》，2020 年第 02 期。

[10] 陈工孟、俞欣、寇祥河："风险投资参与对中资企业首次公开发行折价的影响——不同证券市场的比较"，《经济研究》，2011 年第 05 期。

[11] 陈佳琦、赵息、牛箫童："融资约束视角下支付方式对并购绩效的影响研究"，《宏观经济研究》，2020 年第 4 期。

[12] 陈见丽："风险投资能促进高新技术企业的技术创新吗？——基于

中国创业板上市公司的经验证据”，《经济管理》，2011 年第 2 期。

[13] 陈仕华、姜广省、卢昌崇：“董事联结，目标公司选择与并购绩效”，《管理世界》，2013 年第 12 期。

[14] 陈仕华、卢昌崇、姜广省等：“国企高管政治晋升对企业并购行为的影响——基于企业成长压力理论的实证研究”，《管理世界》，2015 年第 9 期。

[15] 陈思、何文龙、张然：“风险投资与企业创新：影响和潜在机制”，《管理世界》，2017 年第 1 期。

[16] 陈涛、李善民、周昌仕：“支付方式、关联并购与收购公司股东收益”，《商业经济与管理》，2013 年第 9 期。

[17] 陈涛、李善民：“支付方式与收购公司财富效应”，《证券市场导报》，2011 年第 2 期。

[18] 陈鑫、陈德棉、谢胜强：“风险投资、资本项目开放与全要素生产率”，《科研管理》，2017 年第 4 期。

[19] 陈旭东、曾春华、杨兴全：“终极控制人两权分离、多元化并购与公司并购绩效”，《经济管理》，2013 年第 12 期。

[20] 陈玉罡、陈文婷、李善民：“并购能降低目标公司的掏空行为吗?”，《管理科学学报》，2013 年第 12 期。

[21] 陈玉罡、李善民：“并购中主并公司的可预测性——基于交易成本视角的研究”，《经济研究》，2007 年第 4 期。

[22] 党兴华、董建卫、吴红超：“风险投资机构的网络位置与成功退出：来自中国风险投资业的经验证据”，《南开管理评论》，2011 年第 2 期。

[23] 邓建平、曾勇、何佳：“关联并购重组：根源与后果”，《管理学报》，2011 年第 8 期。

[24] 邓伟、王涛、成园园：“券商背景独立董事对企业并购影响的实证研究”，《南京审计大学学报》，2018 年第 4 期。

[25] 董静、汪江平、翟海燕等：“服务还是监控：风险投资机构对创业企业的管理——行业专长与不确定性的视角”，《管理世界》，2017 年第 6 期。

[26] 董静、汪立、吴友：“风险投资介入与创业企业国际化——基于我国高科技上市公司的实证研究”，《财经研究》，2017 年第 4 期。

［27］董静、余婕：“风险投资地域经验与企业异地并购”，《经济管理》，2021 年第 4 期。

［28］窦超、王乔菀、陈晓：“政府背景客户关系能否缓解民营企业融资约束?”，《财经研究》，2020 年第 11 期。

［29］杜春明、张先治、常利民：“商誉信息会影响企业债务期限结构吗？——基于债权人的视角”，《证券市场导报》，2019 年第 2 期。

［30］杜兴强、聂志萍：“中国上市公司并购的短期财富效应实证研究”，《证券市场导报》，2007 年第 1 期。

［31］高燕燕、黄国良：“政府干预、内部人控制和国有上市公司多元化并购类型——基于关键资源视角”，《系统工程》，2016 年第 6 期。

［32］葛伟杰、张秋生、张自巧：“支付方式、融资约束与并购溢价研究”，《证券市场导报》，2014 年第 1 期。

［33］耿建新、丁含：“资产评估机构对商誉泡沫的影响及机制研究”，《管理学报》，2021 年第 11 期。

［34］郭建全、陈娟、王疆：“并购经验、政治风险与多元化并购”，《哈尔滨商业大学学报（社会科学版)》，2017 年第 4 期。

［35］韩宏稳、唐清泉、黎文飞：“并购商誉减值、信息不对称与股价崩盘风险”，《证券市场导报》，2019 年第 3 期。

［36］韩宏稳、唐清泉：“会计稳健性对超额商誉的抑制效应研究”，《证券市场导报》，2021 年第 7 期。

［37］韩忠雪、程蕾：“控制权收购、多元化经营与公司财富效应”，《山西财经大学学报》，2011 年第 10 期。

［38］何任、邵帅、杨青：“财务独立董事能否抑制高管的价值损毁行为？——基于我国 A 股上市公司并购的经验证据”，《南京审计大学学报》，2019 年第 2 期。

［39］洪道麟、刘力、熊德华：“多元化并购、企业长期绩效损失及其选择动因”，《经济科学》，2006 年第 5 期。

［40］胡刘芬、周泽将：“风险投资机构持股能够缓解企业后续融资约束吗？——来自中国上市公司的经验证据”，《经济管理》，2018 年第 7 期。

［41］胡刘芬：“风险投资与上市公司资本结构动态调整”，《中国经济问

题》，2016 年第 3 期。

[42] 黄灿、俞勇、郑鸿：“经济政策不确定性与企业并购：中国的逻辑”，《财贸经济》，2020 年第 8 期。

[43] 姜付秀、张敏、陆正飞等：“管理者过度自信、企业扩张与财务困境”，《经济研究》，2009 年第 1 期。

[44] 蒋弘、刘星：“股权制衡对并购中合谋行为经济后果的影响”，《管理科学》，2012 年第 3 期。

[45] 金晓斌、陈代云、路颖等：“公司特质、市场激励与上市公司多元化经营”，《经济研究》，2002 年第 9 期。

[46] 雷光勇、曹雅丽、齐云飞：“风险资本、制度效率与企业投资偏好”，《会计研究》，2017 年第 8 期。

[47] 李丹蒙、叶建芳、卢思绮、曾森：“管理层过度自信、产权性质与并购商誉”，《会计研究》，2018 年第 10 期。

[48] 李井林、刘淑莲、韩雪：“融资约束、支付方式与并购绩效”，《山西财经大学学报》，2014 年第 8 期。

[49] 李井林、刘淑莲、杨超：“家族控制、支付方式与并购绩效关系的经验研究”，《财经论丛》，2013 年第 1 期。

[50] 李井林、易俊伶、刘淑莲：“并购支付方式选择：动态权衡理论抑或市场择时理论”，《金融评论》，2017 年第 2 期。

[51] 李九斤、王福胜、徐畅：“私募股权投资特征对被投资企业价值的影响——基于 2008－2012 年 IPO 企业经验数据的研究”，《南开管理评论》，2015 年第 5 期。

[52] 李璐、姚海鑫：“共享审计能抑制并购商誉泡沫吗？——来自中国上市公司的经验证据”，《审计与经济研究》，2019 年第 5 期。

[53] 李善民、陈涛：“并购支付方式选择的影响因素研究”，《中国管理现代化研究会第四届（2009）中国管理学年会——金融分会场论文集》，中国管理现代化研究会，2009 年。

[54] 李善民、公淑玉、庄明明：“文化差异影响 CEO 的并购决策吗？”，《管理评论》，2019 年第 6 期。

[55] 李善民、黄灿、史欣向：“信息优势对企业并购的影响——基于社

会网络的视角”，《中国工业经济》，2015 年第 11 期。

[56] 李善民、黄志宏、郭菁晶：“资本市场定价对企业并购行为的影响研究——来自中国上市公司的证据”，《经济研究》，2020 年第 7 期。

[57] 李善民、毛雅娟、赵晶晶：“高管持股、高管的私有收益与公司的并购行为”，《管理科学》，2009 年第 6 期。

[58] 李善民、史欣向、万自强：“关联并购是否会损害企业绩效？——基于 DEA - SFA 二次相对效益模型的研究”，《金融经济学研究》，2013 年第 3 期。

[59] 李善民、杨继彬、钟君煜：“风险投资具有咨询功能吗？——异地风投在异地并购中的功能研究”，《管理世界》，2019 年第 12 期。

[60] 李善民、赵晶晶、刘英：“行业机会，政治关联与多元化并购”，《中大管理研究》，2009 年第 4 期。

[61] 李善民、周小春：“公司特征、行业特征和并购战略类型的实证研究”，《管理世界》，2007 年第 3 期。

[62] 李善民、朱滔：“多元化并购能给股东创造价值吗？——兼论影响多元化并购长期绩效的因素”，《管理世界》，2006 年第 3 期。

[63] 李双燕、万迪昉：“基于控制权利益的企业并购支付合约选择模型”，《管理学报》，2010 年第 10 期。

[64] 李双燕、汪晓宇：“控制权稀释威胁影响上市公司并购支付方式选择吗”，《当代经济科学》，2012 年第 3 期。

[65] 李曜、宋贺：“风险投资支持的上市公司并购绩效及其影响机制研究”，《会计研究》，2017 年第 6 期。

[66] 李增泉、余谦、王晓坤：“掏空、支持与并购重组——来自我国上市公司的经验证据”，《经济研究》，2005 年第 1 期。

[67] 连玉君、彭方平、苏治：“融资约束与流动性管理行为”，《金融研究》，2010 年第 10 期。

[68] 刘爱明、徐华友：“管理者风险偏好对上市公司商誉减值的影响研究”，《南方金融》，2021 年第 5 期。

[69] 刘春、李善民、孙亮：“独立董事具有咨询功能吗？——异地独董在异地并购中功能的经验研究”，《管理世界》，2015 年第 3 期。

[70] 刘圻、王聪聪："风险投资持股影响 IPO 审计收费吗？——基于盈余管理中介效应的研究"，《中南财经政法大学学报》，2019 年第 3 期。

[71] 刘淑莲、张广宝、耿琳："并购对价方式选择：公司特征与宏观经济冲击"，《审计与经济研究》，2012 年第 4 期。

[72] 刘文楷、潘爱玲、邱金龙："企业生命周期、企业家社会资本与多元化并购"，《经济经纬》，2017 年第 6 期。

[73] 刘笑萍、黄晓薇、郭红玉："产业周期、并购类型与并购绩效的实证研究"，《金融研究》，2009 年第 3 期。

[74] 刘勰、孟勇："制度距离与我国企业海外并购效率"，《经济管理》，2019 年第 12 期。

[75] 刘星、蒋弘："上市公司股权制衡与并购绩效——基于夏普利（Shapley）指数与粗糙集的实证研究"，《经济与管理研究》，2012 年第 2 期。

[76] 刘星、吴雪姣："政府干预、行业特征与并购价值创造——来自国有上市公司的经验证据"，《审计与经济研究》，2011 年第 6 期。

[77] 柳建华、徐婷婷、杨祯奕："管理层能力、长期激励与商誉减值"，《会计研究》，2021 年第 5 期。

[78] 卢煜、曲晓辉："商誉减值的盈余管理动机——基于中国 A 股上市公司的经验证据"，《山西财经大学学报》，2016 年第 7 期。

[79] 卢煜、曲晓辉："商誉减值与高管薪酬——来自中国 A 股市场的经验证据"，《当代会计评论》，2016 年第 1 期。

[80] 罗付岩："银行关联对并购支付方式的影响"，《金融论坛》，2016 年第 9 期。

[81] 马宁："风险投资、企业会计信息透明度和代理成本"，《管理评论》，2019 年第 10 期。

[82] 潘爱玲、王慧、邱金龙："儒家文化与重污染企业绿色并购"，《会计研究》，2021 年第 5 期。

[83] 潘红波、夏新平、余明桂："政府干预、政治关联与地方国有企业并购"，《经济研究》，2008 年第 4 期。

[84] 秦凤鸣、李明明："信用评级与企业并购支付方式——基于上市公司的实证研究"，《金融论坛》，2016 年第 2 期。

[85] 曲晓辉、卢煜、汪健："商誉减值与分析师盈余预测——基于盈余管理的视角"，《山西财经大学学报》，2016 年第 4 期。

[86] 曲晓辉、卢煜、张瑞丽："商誉减值的价值相关性——基于中国 A 股市场的经验证据"，《经济与管理研究》，2017 年第 3 期。

[87] 权小锋、徐星美："风险投资、内部控制与审计定价"，《财经研究》，2017 年第 6 期。

[88] 权小锋、尹洪英："风险投资持股对股价崩盘风险的影响研究"，《科研管理》，2017 年第 12 期。

[89] 尚航标、满鑫、李卫宁等："机构持股与企业并购绩效——基于上市公司的实证研究"，《软科学》，2017 年第 4 期。

[90] 宋淑琴、代淑江："管理者过度自信、并购类型与并购绩效"，《宏观经济研究》，2015 年第 5 期。

[91] 苏文兵、李心合、李运："公司控制权、信息不对称与并购支付方式"，《财经论丛》，2009 年第 5 期。

[92] 孙甲奎、肖星："独立董事投行经历与上市公司并购行为及其效应研究——来自中国市场的证据"，《会计研究》，2019 年第 10 期。

[93] 孙世攀、赵息、李胜楠："股权控制、债务容量与支付方式——来自我国企业并购的证据"，《会计研究》，2013 年第 4 期。

[94] 谭燕、徐玉琳、赵旭雯、蒋华林："高管权力、前任安排与并购商誉减值"，《会计研究》，2020 年第 7 期。

[95] 唐建新、陈冬："地区投资者保护、企业性质与异地并购的协同效应"，《管理世界》，2010 年第 8 期。

[96] 唐建新、王珏玮："投资者保护、企业性质与海外并购收益的实证"，《统计与决策》，2016 年第 6 期。

[97] 万丛颖、郭进："基于企业规模调节效应的股权结构对并购绩效的影响——来自沪深 A 股市场的经验证据"，《金融研究》，2009 年第 9 期。

[98] 王爱群、闫盼盼、赵东："海归董事对企业跨境并购绩效的影响研究"，《经济经纬》，2021 年第 2 期。

[99] 王陈豪、王轶、李红波："宗族文化与企业并购收益"，《会计研究》，2020 年第 2 期。

［100］王会娟、张然、胡诗阳：“私募股权投资与现金股利政策”，《会计研究》，2014 年第 10 期。

［101］王会娟、张然：“私募股权投资与被投资企业高管薪酬契约——基于公司治理视角的研究”，《管理世界》，2012 年第 9 期。

［102］王力军、李斌：“风险投资提供了增值服务吗？——基于 1996～2012 年 IPO 公司的实证研究”，《证券市场导报》，2016 年第 5 期。

［103］王治皓、廖科智、齐岳：“内部控制、机构投资者与上市公司海外并购绩效”，《华东经济管理》，2020 年，第 34 卷第 10 期。

［104］魏江、寿柯炎、冯军政：“高管政治关联、市场发育程度与企业并购战略——中国高技术产业上市公司的实证研究”，《科学学研究》，2013 年，第 31 卷第 6 期。

［105］魏志华、朱彩云：“超额商誉是否成为企业经营负担——基于产品市场竞争能力视角的解释”，《中国工业经济》，2019 年第 11 期。

［106］魏志华、曾爱民、李博：“金融生态环境与企业融资约束——基于中国上市公司的实证研究”，《会计研究》，2014 年第 5 期。

［107］温军、冯根福：“风险投资与企业创新：‘增值’与‘攫取’的权衡视角”，《经济研究》，2018 年第 2 期。

［108］温忠麟、叶宝娟：“中介效应分析：方法和模型发展”，《心理科学进展》，2014 年，第 22 卷第 5 期。

［109］吴超鹏、吴世农、程静雅等：“风险投资对上市公司投融资行为影响的实证研究”，《经济研究》，2012 年第 1 期。

［110］吴超鹏、张媛：“风险投资对上市公司股利政策影响的实证研究”，《金融研究》，2017 年第 9 期。

［111］吴俊霖：“股票市场错误定价对公司并购的影响——来自股权分置改革后上市公司的经验证据”，《南方金融》，2015 年第 7 期。

［112］武恒光、郑方松：“审计质量、社会信任和并购支付方式”，《审计研究》，2017 年第 3 期。

［113］夏清华、乐毅：“风险投资促进了中国企业的技术创新吗?”，《科研管理》，2021 年第 7 期。

［114］肖作平、陈德胜：“公司治理结构对代理成本的影响——来自中国

上市公司的经验证据”，《财贸经济》，2006 年第 12 期。

[115] 谢纪刚、张秋生：“股份支付、交易制度与商誉高估——基于中小板公司并购的数据分析”，《会计研究》，2013 年第 12 期。

[116] 谢漾、洪正：“私募股权投资能缓解中小企业非效率投资吗——来自中小板、创业板上市公司的经验证据”，《广东财经大学学报》，2020 年第 4 期。

[117] 徐虹、林钟高、芮晨：“产品市场竞争、资产专用性与上市公司横向并购”，《南开管理评论》，2015 年第 3 期。

[118] 徐虹、林钟高、王帅帅：“制度环境、银企关系与企业并购支付方式”，《财经理论与实践》，2015 年第 6 期。

[119] 徐经长、张东旭、刘欢欢：“并购商誉信息会影响债务资本成本吗？”，《中央财经大学学报》，2017 年第 3 期。

[120] 许罡：“企业社会责任履行抑制商誉泡沫吗？”，《审计与经济研究》，2020 年第 1 期。

[121] 杨超、谢志华、宋迪：“业绩承诺协议设置、私募股权与上市公司并购绩效”，《南开管理评论》，2018 年第 6 期。

[122] 杨威、赵仲匡、宋敏：“多元化并购溢价与企业转型”，《金融研究》，2019 年第 5 期。

[123] 杨艳、邓乐、陈收：“企业生命周期、政治关联与并购策略”，《管理评论》，2014 年第 10 期。

[124] 杨志海、赵立彬：“融资约束、支付方式与并购绩效的关系研究”，《证券市场导报》，2012 年第 5 期。

[125] 叶会、李善民：“大股东地位、产权属性与控制权利益获取——基于大宗股权交易视角的分析”，《财经研究》，2011 年第 9 期。

[126] 叶建芳、何开刚、杨庆等：“不可核实的商誉减值测试估计与审计费用”，《审计研究》，2016 年第 1 期。

[127] 余鹏翼、敖润楠、陈文婷：“CEO 年龄、风险承担与并购”，《经济理论与经济管理》，2020 年第 2 期。

[128] 袁其刚、郜晨：“中东欧国家投资的政治风险研究”，《经济与管理评论》，2019 年第 5 期。

［129］袁蓉丽、文雯、汪利：“风险投资和 IPO 公司董事会治理——基于倾向评分匹配法的分析”，《中国软科学》，2014 年第 5 期。

［130］原红旗、高翀、施海娜：“企业并购中的业绩承诺和商誉减值”，《会计研究》，2021 年第 4 期。

［131］张洽、袁天荣：“CEO 校友关系会影响并购决策与并购效果吗”，《上海财经大学学报》，2020 年第 3 期。

［132］张新：“并购重组是否创造价值？——中国证券市场的理论与实证研究”，《经济研究》，2003 年第 6 期。

［133］张新民、卿琛、杨道广：“内部控制与商誉泡沫的抑制——来自我国上市公司的经验证据”，《厦门大学学报（哲学社会科学版）》，2018 年第 3 期。

［134］张学勇、廖理：“风险投资背景与公司 IPO：市场表现与内在机理”，《经济研究》，2011 年第 6 期。

［135］张翼、李习、许德音：“代理问题、股权结构与公司多元化”，《经济科学》，2005 年第 3 期。

［136］张志宏、费贵贤：“控股权性质、市场化进程与企业并购模式选择”，《中南财经政法大学学报》，2010 年第 5 期。

［137］赵海龙、何贤杰、王孝钰等：“海外并购能够改善中国企业公司治理吗”，《南开管理评论》，2016 年第 3 期。

［138］赵晶晶、毛雅娟：“我国企业多元化并购动因分析”，《现代管理科学》，2009 年第 6 期。

［139］赵静梅、傅立立、申宇：“风险投资与企业生产效率：助力还是阻力？”，《金融研究》，2015 年第 11 期。

［140］赵息、孙世攀：“资本结构对并购支付方式的影响研究——基于我国资本市场背景的分析”，《管理评论》，2015 年第 8 期。

［141］赵欣、杨世忠、侯德帅：“政府补贴与并购商誉：政策预期与现实悖论”，《现代财经（天津财经大学学报）》，2020 年第 3 期。

［142］赵彦锋、汤湘希：“产业政策会提升并购商誉吗？”，《经济经纬》，2020 年第 5 期。

［143］郑春美、李晓：“并购商誉与审计服务定价”，《审计研究》，2018

年第6期。

［144］郑海英、刘正阳、冯卫东："并购商誉能提升公司业绩吗？——来自A股上市公司的经验证据"，《会计研究》，2014年第3期。

［145］周绍妮、王惠瞳："支付方式、公司治理与并购绩效"，《北京交通大学学报（社会科学版）》，2015年第2期。

［146］周绍妮、张秋生、胡立新："机构投资者持股能提升国企并购绩效吗？——兼论中国机构投资者的异质性"，《会计研究》，2017年第6期。

［147］周泽将、王浩然、雷玲："商誉存在顺周期效应吗"，《会计研究》，2021年第4期。

［148］周中胜、贺超、韩燕兰："高管海外经历与企业并购绩效：基于'海归'高管跨文化整合优势的视角"，《会计研究》，2020年第8期。

［149］朱郭一鸣、王婉婉、凌运："并购商誉与企业技术创新"，《科研管理》，2021年第2期。

［150］庄新霞、欧忠辉、周小亮等："风险投资与上市企业创新投入：产权属性和制度环境的调节"，《科研管理》，2017年第11期。

［151］AbuGhazaleh N. M., Al - Hares O. M., Roberts C., Accounting discretion in goodwill impairments: UK evidence. *Journal of International Financial Management & Accounting*, Vol. 22, No. 03, 2011, pp. 165 - 204.

［152］Acharya, V. V., Gottschalg, O. F., Hahn, M., et al, Corporate governance and value creation: Evidence from private equity. *The Review of Financial Studies*, Vol. 26, No. 02, 2013, pp. 368 - 402.

［153］Aggarwal, R. K., Samwick, A. A., Why do managers diversify their firms? Agency reconsidered. *The Journal of Finance*, Vol. 58, No. 01, 2003, pp. 71 - 118.

［154］Agrawal, A., Jaffe, J. F., Mandelker, G. N., The post - merger performance of acquiring firms: A re - examination of an anomaly. *The Journal of Finance*, Vol. 47, No. 04, 1992, pp. 1605 - 1621.

［155］Agrawal, A., Knoeber, C. R., Firm performance and mechanisms to control agency problems between managers and shareholders. *Journal of Financial and Quantitative Analysis.*, Vol 31, No. 03, 1996, pp. 377 - 397.

[156] Albersmann, B. T., Quick, R., The impact of audit quality indicators on the timeliness of goodwill impairments: Evidence from the German setting. *Abacus*, Vol. 56, No. 01, 2020, pp. 66 - 103.

[157] Almeida, H., Campello, M., Hackbarth, D., Liquidity mergers. *Journal of Financial Economics*, Vol. 102, No. 03, 2011, pp. 526 - 558.

[158] Alshwer, A. A., Sibilkov, V., Zaiats, N. S., Financial constraints and the method of payment in mergers and acquisitions. *SSRN Electronic Journal*, 2011.

[159] Amihud, Y., Lev, B., Travlos, N. G., Corporate control and the choice of investment financing: The case of corporate acquisitions. *The Journal of Finance*, Vol. 45, No. 02, 1990, pp. 603 - 616.

[160] Amihud, Y., Lev, B., Risk reduction as a managerial motive for conglomerate mergers. *Bell Journal of Economics*, Vol. 12, No. 02, 1981, pp. 605 - 617.

[161] Ayres, D. R., Campbell, J. L., Chyz, J. A., et al, Do financial analysts compel firms to make accounting decisions? Evidence from goodwill impairments. *Review of Accounting Studies*, Vol. 24, No. 04, 2019, pp. 1214 - 1251.

[162] Baker, M., Gompers, P. A., The determinants of board structure at the initial public offering. *Journal of Law and Economics*, Vol. 46, No. 02, 2003, pp. 569 - 598.

[163] Ball, R., Shivakumar, L., Earnings quality at initial public offerings. *Journal of Accounting & Economics*, Vol. 45, No. 2 - 3, 2008, pp. 324 - 349.

[164] Ball, R., Shivakumar, L., The role of accruals in asymmetrically timely gain and loss recognition. *Journal of Accounting Research*, Vol. 44, No. 02, 2006, pp. 207 - 242.

[165] Barry, C. B., Muscarella, C. J., Iii, J. W. P., et al, The role of venture capital in the creation of public companies: Evidence from the going - public process. *Journal of Financial Economics*, Vol. 27, No. 02, 1990, pp. 447 - 471.

[166] Beatty, A., Weber, J., Accounting discretion in fair value estimates: An examination of SFAS 142 goodwill impairments. *Journal of Accounting Research*, Vol. 44, No. 02, 2006, pp. 257 - 288.

[167] Berger, P. G., Ofek, E., Diversification's effect on firm val-

ue. *Journal of Financial Economics*, Vol. 37, No. 01, 1995, pp. 39 – 65.

[168] Bettis, R. A., Hall, W. K., Diversification strategy, accounting determined risk, and accounting determined return. *The Academy of Management Journal*, Vol. 25, No. 02, 1982, pp. 254 – 264.

[169] Black, B. S., Shareholder passivity reexamined. *Michigan Law Review*, Vol. 89, No. 03, 1990, pp. 520 – 608.

[170] Bonaime, A., Gulen, H., Ion, M., Does policy uncertainty affect mergers and acquisitions? *Journal of Financial Economics*, Vol. 129, No. 03, 2018, pp. 531 – 558.

[171] Bostwick, E. D., Krieger, K., Lambert, S. L., Relevance of goodwill impairments to cash flow prediction and forecasting. *Journal of Accounting, Auditing & Finance*, Vol. 31, No. 03, 2016, pp. 137 – 154.

[172] Bris, A., Cabolis, C., Corporate governance convergence by contract: Evidence from cross – border mergers. *SSRN Electronic Journal*, 2002.

[173] Bris, A., Cabolis, C., The value of investor protection: Firm evidence from cross – border mergers. *Social Science Electronic Publishing*, 2008, pp. 605 – 648.

[174] Brown, R., Sarma, N., CEO overconfidence, CEO dominance and corporate acquisitions. *Journal of Economics and Business*, Vol. 59, No. 05, 2007, pp. 358 – 379.

[175] Brune, C., Lee, K., Miller, S., The effects of bank capital constraints on post – acquisition performance. *Journal of Economics and Finance*, Vol. 39, No. 01, 2015, pp. 75 – 99.

[176] Bugeja, M., Rosa, R. D. S., Capital gains taxation and shareholder wealth in takeovers. *Accounting & Finance*, Vol. 50, No. 02, 2010, pp. 241 – 262.

[177] Carpenter, M. A., Pollock, T. G., Leary, M. M., Testing a model of reasoned risk – taking: governance, the experience of principals and agents, and global strategy in high – technology IPO firms. *Strategic Management Journal*, Vol. 24, No. 09, 2003, pp. 803 – 820.

[178] Chahine, S., Filatotchev, I., Wright, M., Venture capitalists, business angels, and performance of entrepreneurial IPOs in the UK and France. *Journal*

of Business Finance & Accounting, Vol. 34, No. 3 –4, 2007, pp. 505 –528.

[179] Chalmers, K. G., Godfrey, J. M., Webster, J. C., Does a goodwill impairment regime better reflect the underlying economic attributes of goodwill? *Accounting & Finance*, Vol. 51, No. 03, 2011, pp. 634 –660.

[180] Chang, S., Takeovers of privately held targets, methods of payment, and bidder returns. *The Journal of Finance*, Vol. 53, No. 02, 1998, pp. 773 –784.

[181] Chari, A., Ouimet, P., Tear, L., Cross – border mergers and acquisitions in emerging markets: The stock market valuation of corporate control. *SSRN Electronic Journal*, 2004.

[182] Chatterjee, S., Wernerfelt, B., The link between resources and type of diversification: Theory and evidence. *Strategic Management Journal*, Vol. 12, No. 01, 1991, pp. 33 –48.

[183] Chemmanur, T. J., Krishnan, K., Nandy, D. K., How does venture capital financing improve efficiency in private firms? A look beneath the surface. *The Review of Financial Studies*, Vol. 24, No. 12, 2011, pp. 4037 –4090.

[184] Chemmanur, T. J., Loutskina, E., The role of venture capital backing in initial public offerings: Certification, screening, or market power? *SSRN Electronic Journal*, 2006.

[185] Chen, X., Harford, J., Li, K., Monitoring: Which institutions matter? *Journal of Financial Economics*, Vol. 86, No. 02, 2007, pp. 279 –305.

[186] Christensen, H. K., Montgomery, C. A., Corporate economic performance: Diversification strategy versus market structure. *Strategic Management Journal*, Vol. 2, No. 04, 1981, pp. 327 –343.

[187] Coase, R. H., The nature of the firm. *Economica*, Vol. 4, No. 16, 1937, pp. 386 –405.

[188] Conyon, M. J., Corporate governance changes in UK companies between 1988 and 1993. *Corporate Governance*, Vol. 2, No. 02, 1994, pp. 87 –99.

[189] Croce, A., Martí, J., Murtinu, S., The impact of venture capital on the productivity growth of European entrepreneurial firms: "Screening" or "value added" effect? *Journal of Business Venturing*, Vol. 28, No. 04, 2013, pp. 489 –510.

[190] Cumming, D., Johan, S. A., Advice and monitoring in venture finance. *Financial Markets and Portfolio Management*, Vol. 21, No. 01, 2007, pp. 3 - 43.

[191] Cumming, D., Schmidt, D., Walz, U., Legality and venture capital governance around the world. *Journal of Business Venturing*, Vol. 25, No. 01, 2010, pp. 54 - 72.

[192] Darrough, M. N., Guler, L., Wang, P., Goodwill impairment losses and CEO compensation. *Journal of Accounting, Auditing & Finance*, Vol. 29, No. 04, 2014, pp. 435 - 463.

[193] Dushnitsky, G., Lavie, D., How alliance formation shapes corporate venture capital investment in the software industry: A resource - based perspective. *Strategic Entrepreneurship Journal*, Vol. 4, No. 01, 2010, pp. 22 - 48.

[194] Dutta, S., Folta, T. B., A comparison of the effect of angels and venture capitalists on innovation and value creation. *Journal of Business Venturing*, Vol. 31, No. 01, 2016, pp. 39 - 54.

[195] Ellison, G., Fudenberg, D., Word - of - mouth communication and social learning. *The Quarterly Journal of Economics*, Vol. 110, No. 01, 1995, pp. 93 - 125.

[196] Faccio, M., Masulis, R. W., The choice of payment method in European mergers and acquisitions. *The Journal of Finance*, Vol. 60, No. 03, 2005, pp. 1345 - 1388.

[197] Faleye, O., Hoitash, R., Hoitash, U., The costs of intense board monitoring. *Journal of Financial Economics*, Vol. 101, No. 01, 2011, pp. 160 - 181.

[198] Fried, V. H., Bruton, G. D., Hisrich, R. D., Strategy and the board of directors in venture capital - backed firms. *Journal of Business Venturing*, Vol. 13, No. 06, 1998, pp. 493 - 503.

[199] Fu, F., Lin, L., Officer, M. S., Acquisitions driven by stock overvaluation: Are they good deals? *Journal of Financial Economics*, Vol. 109, No. 01, 2013, pp. 24 - 39.

[200] Fuller, K., Netter, J., Stegemoller, M., What do returns to acqui-

ring firms tell us? Evidence from firms that make many acquisitions. *The Journal of Finance*, *No.* 04, 2002, pp. 1763 – 1793.

[201] Garfinkel, J. A., Hankins, K. W., The role of risk management in mergers and merger waves. *Journal of Financial Economics*, Vol. 101, No. 03, 2011, pp. 515 – 532.

[202] George, G., Wiklund, J., Zahra, S. A., Ownership and the internationalization of small firms. *Journal of Management*, Vol. 31, No. 02, 2005, pp. 210 – 233.

[203] Giuli, A. D., The effect of stock misvaluation and investment opportunities on the method of payment in mergers. *Journal of Corporate Finance*, Vol. 21, No. 01, 2013, pp. 196 – 215.

[204] Glaum, M., Landsman, W. R., Wyrwa, S., Goodwill impairment: The effects of public enforcement and monitoring by institutional investors. *The Accounting Review*, Vol. 93, No. 06, 2018, pp. 149 – 180.

[205] Godfrey, J. M., Koh, P. S., Goodwill impairment as a reflection of investment opportunities. *Accounting & Finance*, Vol. 49, No. 01, 2009, pp. 117 – 140.

[206] Gompers, P., Kaplan, S. N., Mukharlyamov, V., What do private equity firms say they do? *Journal of Financial Economics*, Vol. 121, No. 03, 2016, pp. 449 – 476.

[207] Gompers, P. A., Grandstanding in the venture capital industry. *Journal of Financial Economics*, Vol. 42, No. 01, 1996, pp. 133 – 156.

[208] Gompers, P., Lerner, J., Short – term America revisited? Boom and bust in the venture capital industry and the impact on innovation. *Innovation Policy and the Economy*, No. 03, 2003, pp. 1 – 27.

[209] Gregory, A., An examination of the long run performance of UK acquiring firms. *Journal of Business Finance and Accounting*, Vol. 24, No. 7&8, 1997, pp. 971 – 1002.

[210] Gros, M., Koch, S., Discretionary goodwill impairment losses in Europe. *Journal of Applied Accounting Research*, Vol. 21, No. 01, 2020, pp. 106 – 124.

[211] Hansen, R. G., A theory for the choice of exchange medium in mergers and acquisitions. *Journal of Business*, Vol. 60, No. 01, 1987, pp. 75 – 95.

[212] Harford, J., Klasa, S., Walcott, N., Do firms have leverage targets? Evidence from acquisitions. *Journal of Financial Economics*, Vol. 93, No. 01, 2009, pp. 1 – 14.

[213] Harford, J., Corporate cash reserves and acquisitions. *The Journal of Finance*, Vol. 54, No. 06, 1999, pp. 1969 – 1997.

[214] Hellmann, T., Puri, M., The interaction between product market and financing strategy: The role of venture capital. *The Review of Financial Studies*, Vol. 13, No. 04, 2000, pp. 959 – 984.

[215] Hellmann, T., Puri, M., Venture capital and the professionalization of startup firms: Empirical evidence. *The Journal of Finance*, Vol. 57, No. 01, 2002, pp. 169 – 197.

[216] Hoberg, G., Phillips, G., Product market synergies and competition in mergers and acquisitions: A text – based analysis. *The Review of Financial Studies*, Vol. 23, No. 10, 2010, pp. 3773 – 3811.

[217] Hochberg, Y. V., Ljungqvist, A., Lu, Y., Whom you know matters: Venture capital networks and investment performance. *The Journal of Finance*, Vol. 62, No. 01, 2007, pp. 251 – 301.

[218] Hovakimian, A., Opler, T., Titman, S., The debt – equity choice. *Journal of Financial and Quantitative Analysis*, Vol. 36, No. 01, 2001, pp. 1 – 24.

[219] Hsu, D. H., Venture capitalists and cooperative start – up commercialization strategy. *Management Science*, Vol. 52, No. 02, 2006, pp. 204 – 219.

[220] Huang, Q., Jiang, F., Lie, E., et al, The role of investment banker directors in M&A. *Social Science Electronic Publishing*, Vol. 112, No. 02, 2014, pp. 269 – 286.

[221] Iatridis, G. E., Senftlechner, D., An empirical investigation of goodwill in Austria: Evidence on management change and cost of capital. *Australian Accounting Review*, Vol. 24, No. 02, 2014, pp. 171 – 181.

[222] Inderst, R., Mueller, H. M., Early – stage financing and firm growth

in new industries. *Journal of Financial Economics*, Vol. 93, No. 02, 2009, pp. 276 - 291.

[223] Jarva, H., Economic consequences of SFAS 142 goodwill write - offs. *Accounting & Finance*, Vol. 54, No. 01, 2014, pp. 211 - 235.

[224] Jensen, M. C., Murphy, K. J., Performance pay and top - management incentives. *Journal of Political Economy*, Vol. 98, No. 02, 1990, pp. 225 - 264.

[225] Jensen, M. C., Agency costs of free cash flow, corporate finance, and takeovers. *American Economic Review*, Vol. 76, No. 02, 1986, pp. 323 - 339.

[226] Jenter, D., Lewellen, K., CEO preferences and acquisitions. *The Journal of Finance*, Vol. 70, No. 06, 2015, pp. 2813 - 2852.

[227] Kabir, H., Rahman, A., The role of corporate governance in accounting discretion under IFRS: Goodwill impairment in Australia. *Journal of Contemporary Accounting & Economics*, Vol. 12, No. 03, 2016, pp. 290 - 308.

[228] Kaplan, S. N., Strömberg, P., Characteristics, contracts, and actions: Evidence from venture capitalist analyses. *The Journal of Finance*, Vol. 59, No. 05, 2004, pp. 2177 - 2210.

[229] Kaplan, S. N., Strömberg, P., Financial contracting theory meets the real world: An empirical analysis of venture capital contracts. *The Review of Economic Studies*, Vol. 70, No. 02, 2003, pp. 281 - 315.

[230] Kaplan, S. N., Strömberg, P., Venture capitals as principals: Contracting, screening, and monitoring. *American Economic Review*, Vol. 91, No. 02, 2001, pp. 426 - 430.

[231] Kaplan, S. N., Zingales, L., Do investment - cash flow sensitivities provide useful measures of financing constraints? *The Quarterly Journal of Economics*, Vol. 112, No. 01, 1997, pp. 169 - 215.

[232] Karampatsas, N., Petmezas, D., Travlos, N. G., Credit ratings and the choice of payment method in mergers and acquisitions. *Journal of Corporate Finance*, Vol. 25, 2014, pp. 474 - 493.

[233] Knauer, T., Wöhrmann, A., Market reaction to goodwill impairments. *European Accounting Review*, Vol. 25, No. 03, 2016, pp. 421 - 449.

[234] Kolasinski, A. C., Li, X., Can strong boards and trading their own firm's stock help CEOs make better decisions? Evidence from acquisitions by overconfident CEOs. *Journal of Financial and Quantitative Analysis*, No. 04, 2013, pp. 1173 - 1206.

[235] Kortum, S., Lerner, J., Assessing the contribution of venture capital to innovation. *The Rand Journal of Economics*, Vol. 31, No. 04, 2000, pp. 674 - 692.

[236] Lapointe - Antunes, P., Cormier, D., Magnan, M., Value relevance and timeliness of transitional goodwill - impairment losses: Evidence from Canada. *The International Journal of Accounting*, Vol. 44, No. 01, 2009, pp. 56 - 78.

[237] Lee, P. M., Wahal, S., Grandstanding, certification and the underpricing of venture capital backed IPOs. *Journal of Financial Economics*, Vol. 73, No. 01, 2004, pp. 375 - 407.

[238] Lerner, J., Venture capitalists and the oversight of private firms. *The Journal of Finance*, Vol. 50, No. 01, 1995, pp. 301 - 318.

[239] Li, Z., Shroff, P. K., Venkataraman, R., et al, Causes and consequences of goodwill impairment losses. *Review of Accounting Studies*, Vol. 16, No. 04, 2011, pp. 745 - 778.

[240] Lindsey, L., Blurring firm boundaries: The role of venture capital in strategic alliances. *The Journal of Finance*, Vol. 63, No. 03, 2008, pp. 1137 - 1168.

[241] Lubatkin, M., Merger strategies and stockholder value. *Strategic Management Journal*, Vol. 8, No. 01, 1987, pp. 39 - 53.

[242] Mäkelä, M. M., Maula, M. V. J., Cross - border venture capital and new venture internationalization: An isomorphism perspective. *Venture Capital*, Vol. 7, No. 03, 2005, pp. 227 - 257.

[243] Malmendier, U. M., Tate, G., Who makes acquisitions? CEO overconfidence and the market's reaction. *Journal of Financial Economics*, Vol. 89, No. 01, 2008, pp. 20 - 43.

[244] Malmendier, U., Tate, G. A., CEO overconfidence and corporate investment. *The Journal of Finance*, Vol. 60, No. 06, 2005, pp. 2661 - 2700.

[245] Martin, K. J., The method of payment in corporate acquisitions, in-

vestment opportunities, and management ownership. *The Journal of Finance*, Vol. 51, No. 04, 1996, pp. 1227 – 1246.

[246] Masulis, R. W., Mobbs, S., Are all inside directors the same? Evidence from the external directorship market. *The Journal of Finance*, Vol. 66, No. 03, 2011, pp. 823 – 872.

[247] Matsusaka, J. G., Takeover motives during the conglomerate merger wave. *The RAND Journal of Economics*, Vol. 24, No. 03, 1993, pp. 357 – 379.

[248] McDonald, M. L., Westphal, J. D., Graebner, M. E. What do they know? The effects of outside director acquisition experience on firm acquisition performance. *Strategic Management Journal*, Vol. 29, No. 11, 2008, pp. 1155 – 1177.

[249] Megginson, W. L., Morgan, A., Nail, L., Changes in corporate focus, ownership structure, and long – run merger returns. *SSRN Electronic Journal*, 2001.

[250] Megginson, W. L., Weiss, K. A., Venture capitalist certification in initial public offerings. *The Journal of Finance*, Vol. 46, No. 03, 1991, pp. 879 – 903.

[251] Metrick, A., Yasuda, A., Venture capital and the finance of innovation. *Venture Capital and the Finance of Innovation*, Vol. 5, No. 02, 2010, pp. 82 – 98.

[252] Moeller, S. B., Schlingemann, F. P., Stulz, R. M., Firm size and the gains from acquisitions. *Journal of Financial Economics*, No. 01, 2004, pp. 201 – 228.

[253] Morck, R., Shleifer, A., Vishny, R. W., Do managerial objectives drive bad acquisitions? *The Journal of Finance*, Vol. 45, No. 01, 1990, pp. 31 – 48.

[254] Morosini, P., Singh, S., Singh, H., National cultural distance and cross – border acquisition performance. *Journal of International Business Studies*, Vol. 29, No. 01, 1998, pp. 137 – 158.

[255] Morsfield, S. G., Tan, C. E. L., Do venture capitalists influence the decision to manage earnings in initial public offerings? *The Accounting Review*, Vol. 81, No. 05, 2006, pp. 1119 – 1150.

[256] Myers, S. C., Majluf, N. S., Corporate financing and investment decisions when firms have information that investors do not have. *Journal of Financial*

Economics, Vol. 13, No. 02, 1984, pp. 187 – 221.

[257] Nahata, R., Venture capital reputation and investment performance. *Journal of Financial Economics*, Vol. 90, No. 02, 2008, pp. 127 – 151.

[258] Nguyen, N. H., Phan, H. V., Policy uncertainty and mergers and acquisitions. *Journal of Financial & Quantitative Analysis*, Vol. 52, No. 02, 2017, pp. 613 – 644.

[259] Njah, M., Jarboui, A., Institutional investors, corporate governance, and earnings management around merger: Evidence from French absorbing firms. *Journal of Economics Finance and Administrative Science*, Vol. 18, No. 35, 2013, pp. 89 – 96.

[260] Olante, M. E., Overpaid acquisitions and goodwill impairment losses—Evidence from the US. *Advances in Accounting*, Vol. 29, No. 02, 2013, pp. 243 – 254.

[261] Ozmel, U., Robinson, D. T., Stuart, T. E., Strategic alliances, venture capital, and exit decisions in early stage high – tech firms. *Journal of Financial Economics*, Vol. 107, No. 03, 2013, pp. 655 – 670.

[262] Park, Prior performance characteristics of related and unrelated acquisitions. *Strategic Management Journal*, Vol. 24, No. 05, 2003, pp. 471 – 480.

[263] Paul, D. L., Board composition and corrective action: Evidence from corporate responses to bad acquisition bids. *Journal of Financial and Quantitative Analysis*, Vol. 42, No. 03, 2007, pp. 759 – 783.

[264] Proksch, D., Stranz, W., Rohr, N., et al, Value – adding activities of venture capital companies: a content analysis of investor's original documents in Germany. *Venture Capital*, Vol. 19, No. 03, 2017, pp. 129 – 146.

[265] Ramanna, K., Watts, R. L., Evidence on the use of unverifiable estimates in required goodwill impairment. *Review of Accounting Studies*, Vol. 17, No. 04, 2012, pp. 749 – 780.

[266] Richardson, S., Over – investment of free cash flow. *Review of Accounting Studies*, Vol. 11, No. 2 – 3, 2006, pp. 159 – 189.

[267] Roll, R., The hubris hypothesis of corporate takeovers. *Journal of Business*, Vol. 59, No. 02, 1986, pp. 197 – 216.

[268] Rossi, S., Volpin, P. F., Cross – country determinants of mergers and acquisitions. *Journal of Financial Economics*, Vol. 74, No. 02, 2004, pp. 277 –304.

[269] Savor, P. G., Lu, Q. I., Do stock mergers create value for acquirers? *The Journal of Finance*, Vol. 64, No. 03, 2009, pp. 1061 –1097.

[270] Schmidt, B., Costs and benefits of friendly boards during mergers and acquisitions. *Journal of Financial Economics*, Vol. 117, No. 02, 2015, pp. 424 –447.

[271] Shleifer, A., Vishny, R. W., Stock market driven acquisitions. *Journal of Financial Economics*, Vol. 70, No. 03, 2003, pp. 295 –311.

[272] Suchard, J. A., The impact of venture capital backing on the corporate governance of Australian initial public offerings. *Journal of Banking and Finance*, Vol. 33, No. 04, 2009, pp. 765 –774.

[273] Sudarsanam, S., Mahate, A. A., Glamour acquirers, method of payment and post – acquisition performance: The UK evidence. *Journal of Business Finance & Accounting*, Vol. 30, No. 1 –2, 2003, pp. 299 –342.

[274] Swieringa, J., Schauten, M., The payment method choice in Dutch mergers and acquisitions. *Icfai University Journal of Mergers & Acquisitions*, Vol. 5, No. 02, 2008, pp. 26 –59.

[275] Travlos, N. G., Corporate takeover bids, method of payment, and bidding firms' stock returns. *The Journal of Finance*, Vol. 42, No. 04, 1987, pp. 942 –963.

[276] Verriest, A., Gaeremynck, A., What determines goodwill impairment? *Review of Business and Economics*, Vol. 54, No. 02, 2009, pp. 1 –23.

[277] Wang, C., Xie, F., Corporate governance transfer and synergistic gains from mergers and acquisitions. *The Review of Financial Studies*, Vol. 22, No. 02, 2009, pp. 829 –858.

[278] Wang, H. Z., Wuebker, R. J., Han, S., et al, Strategic alliances by venture capital backed firms: An empirical examination. *Small Business Economics*, Vol. 38, No. 02, 2012, pp. 179 –196.

[279] Wernerfelt, B., A resource – based view of the firm. *Strategic Management Journal*, Vol. 5, No. 02, 1984, pp. 171 –180.